Jürgen Wiebicke

Zehn Regeln für Demokratie-Retter

Kiepenheuer & Witsch

MIX
Papier aus verantwortungsvollen Quellen
FSC® C083411
FSC
www.fsc.org

Verlag Kiepenheuer & Witsch, FSC®-N001512

3. Auflage 2017

Umschlaggestaltung: Rudolf Linn, Köln
Gesetzt aus der Minion und Gotham Condensed
Satz: Felder KölnBerlin
Druck und Bindung: CPI books GmbH, Leck
ISBN 978-3-462-05071-4

Für Niko, Kilian, Hannah und eure ganze Generation,
die ausbaden muss, was wir heute versäumen

»Visionen brauchen Fahrpläne«

Ernst Bloch

Zehn Regeln für Demokratie-Retter

Vorwort

Am Abend nach der Trump-Wahl fiel der Entschluss für dieses Buch. Einen ganzen Tag lang hatte ich in schockierte Gesichter geblickt und Geschichten von Fassungslosigkeit und Ohnmacht angehört. Jedem, den ich an diesem Tag danach traf, war dieser Wahlausgang schwer aufs Gemüt geschlagen, und wann immer zwei zusammenstanden, hatten sie sich gegenseitig in ihren Ängsten vor der Zukunft bestätigt. Es schien, als ob da unweigerlich und unaufhaltsam etwas auf uns zukomme, das auch unser Land in seiner demokratischen Substanz bedroht. Ein Gespenst geht um in Europa, das Gespenst des Rechtspopulismus. Das wussten wir zwar schon vorher, aber nun schlottern uns endgültig die Knie. Der Brexit ließ sich bislang noch ganz gut verdrängen, weil die Folgen erst viel später spürbar werden dürften und immerhin ja die kleine Hoffnung besteht, die Briten könnten es sich vielleicht doch noch einmal anders überlegen. Aber der Trump-Sieg war von anderer Qualität. Den hatte keiner auf der Rechnung. Hier hatte einer gewonnen, der viele fasziniert, gerade weil er ein Verächter der Demokratie ist. Vor ihm darf man sich mit Recht gruseln. Nie zuvor war mir so viel lähmender Pessimismus entgegengeschlagen wie an diesem Tag. Am Abend hatte ich davon die Nase voll.

Der Tag darauf war beinahe noch schlimmer. Denn über Nacht hatte sich die Gefühlslage bei vielen erkennbar verändert. Ohnmacht hatte sich in Wut verwandelt, Fassungslosigkeit in Arroganz. Nun galt der Zorn der Gerechten den Dummen, die ein solches Wahlergebnis hervorgebracht hätten. Aus den Komfortzonen dieser Gesellschaft heraus hieß es, wir hätten bei uns doch auch so viele, die leicht verführbar seien und den Rattenfängern hinterherlaufen. Man müsse ihnen nur erzählen, dass ein Leben in der Welt von gestern wieder zu haben sei, dann glaubten die Einfältigen das. Elitär zu sein, schien mit einem Mal kein Problem mehr zu sein, die Hillary-Clinton-Falle hatte auch bei uns zugeschnappt. In deutschen Feuilletons erregt man jedenfalls keinen Anstoß mehr, wenn man mit leichter Hand das Bestehen einer Art politischen PISA-Tests fordert, bevor jemand sein Wahlrecht ausüben darf. Hat nicht erst kürzlich ein deutscher EU-Kommissar zum Stand der politischen Bildung eingeworfen, 5 Prozent der Bevölkerung seien gut informiert, 50 Prozent mäßig bis saumäßig, der Rest gar nicht? Aber dann in der nächsten Sonntagsrede wieder die Wissensgesellschaft hochleben lassen! Mit Wählerverachtung, mit Arroganz von oben, wird sich diese Demokratie-Krise mit Sicherheit nicht überstehen lassen, deren Wurzel ja gerade in fehlender Anerkennung zu suchen ist, in einer gravierenden gesellschaftlichen Kommunikationsstörung.

Dieses Denken hat sich seitdem weiter verfestigt und einen Fatalismus erzeugt, der als sich selbst erfüllende Prophezeiung tatsächlich ein Problem für die Demokratie werden kann. Denn die lebt ganz wesentlich von der Idee, dass man immer einen neuen Anfang machen kann. Hannah Arendt hat dafür das schöne Wort »Gebürtlichkeit« erfunden. Selbst nach dem schlimmsten moralischen Zusammenbruch, das war ihr Mut machender Gedanke, gibt es eine nächste Gelegenheit, es besser zu machen. Heute verstehe ich das so: Wir müssen aufhören, diese Gesellschaft wie ein Haus zu betrachten, das längst fertig gebaut ist und in dem nur hin und wieder ein paar Möbelstücke gerückt werden. Ein Haus, in dem drinnen gezittert wird, obwohl alles so bleiben kann, wie es ist, weil von draußen die Kanonenschläge näher rücken. Demokratie ist immer unfertig, man kann und muss weiter an ihr bauen.

Dazu gehört freilich die Zuversicht, dass das eigene Handeln eine Wirkung erzielt, dass sich versteinerte Verhältnisse verflüssigen lassen, wenn man sich Mitstreiter sucht. Diese Zuversicht verloren zu haben, halte ich für die eigentliche politische Krankheit unserer Zeit. Sie hat viele erfasst, die eigentlich für den Zusammenhalt unserer Gesellschaft einstehen sollten. Nicht nur Menschen in prekären Lebenslagen leiden unter dem Gefühl fehlender Selbstwirksamkeit, auch die sogenannten Stützen der Gesellschaft hängen mit drin, fühlen sich als Rädchen im Getriebe, obwohl es doch von außen so aussieht, als säßen sie am Steuer. Wenn man Führungskräften aus Politik und Wirtschaft nach Feierabend zuhört, erfährt man viel über das Gefühl, getrieben zu sein statt selbst gestalten zu können, über mangelnde Identifikation mit eigenem Handeln, über rasende Beschleunigung und fehlende Zeit zum Nachdenken, über eine Zukunft, die man sich nur noch düsterer vorstellen kann als die Gegenwart.

Geschichte wird gemacht, aber von wem? Globalisierung heißt eben auch, dass Macht diffus wird. Wir wissen nicht mehr, wer an den Strippen zieht. Oder wir kriegen sie nicht zu fassen, fühlen uns ihnen ausgeliefert, den Amazons, Apples, Starbucks und Co., die mit ihrer demonstrativen Politik-Verachtung wesentlich zur Erosion der Demokratie-Idee beigetragen haben. Wir haben uns so lange

Geschichten von vermeintlicher Alternativlosigkeit erzählen lassen, bis wir irgendwann angefangen haben, selbst daran zu glauben. Wer aber meint, nichts tun zu können, nimmt sich vom Spielfeld und überlässt es anderen. Vermutlich werden wir sehr klein anfangen müssen, um die großartige Erfahrung der Selbstwirksamkeit wieder neu zu entdecken. Also weg mit der Idee vom großen Wurf! Die Dinge einfach denken, diesen Versuch will ich hier unternehmen. Das scheint mir ein Weg heraus aus der Fatalismus-Falle zu sein. Die Reihenfolge ist wichtig, gerade weil unsere Köpfe angesichts der jüngsten Entwicklungen gerade so benebelt sind: erst das eigene Denken klären, dann die nötigen Schlussfolgerungen für gelingende Praxis ziehen. Dieses Buch will daher kein Werkzeugkasten sein, was nach dem Lesen zu tun ist, bleibt jedem selbst überlassen. Aber es will mithelfen, das Gefühl dafür wieder zu stärken, dass das eigene Handeln zählt.

Es muss in diesen Tagen ein berauschendes Gefühl sein, von ganz rechts auf diese Gesellschaft zu blicken. Wenige mit harter Gesinnung, die genau wissen, was sie tun, erleben gerade, dass sie eine Mehrheit in Schockstarre versetzen können. Es reicht anscheinend, konsequent hässliche Gefühle zu bewirtschaften, permanent die Angst zu füttern, dann reagiert eine ganze Gesellschaft mit Paranoia. Wohlgemerkt eine Gesellschaft, die die friedlichste und wohlhabendste in der Geschichte der Menschheit ist. Auch wenn die Ungleichheit inzwischen ein unerträgliches Maß erreicht hat: Nie ging es uns besser, und trotzdem sind wir so verzagt. Ein ziemliches Rätsel. Dies wäre der erste Merksatz: Wenige bewirken viel! Das gilt im Guten wie im Schlechten. In der Demokratie benötigt man zwar immer wieder Mehrheiten, um seine Vorstellungen umsetzen zu können, aber das ändert nichts daran, dass es immer auf das Handeln von Einzelnen ankommt. Jedenfalls dann, wenn man nicht nur Stimmbürger sein möchte, dessen Platz in der Zuschauerdemokratie außerhalb von Wahlen die Tribüne ist. Talkshow-Gucken und Facebook-Einträge liken, werden nicht mehr reichen, denn die Situation ist tatsächlich ernst, da sollten wir uns nicht täuschen. Wie also umgehen mit der Sorge, dass die Demokratie ins Autoritäre wegkippt, mit der Angst, von der jeder weiß, dass sie ein schlechter Ratgeber ist, von der sich frei zu halten aber in diesen Tagen ein echtes Kunststück ist?

Wir werden lernen müssen, mit einem Paradoxon zu leben. Eigentlich wäre jetzt dringend eine Denkpause fällig. Ein Moratorium, in dem man sich ein Verbot auferlegt, schnelle Antworten zu geben und steile Thesen zu produzieren. Es wäre geboten, in Ruhe zu überprüfen, ob man gedanklich noch in den Kategorien der Welt von gestern unterwegs ist. Wohl dem, der tatsächlich etwas Tragfähiges zu sagen wüsste über die Welt von morgen, deren Konturen noch im Nebel liegen. Wir bräuchten Zeit, um zu verstehen, warum binnen kurzer Zeit in allen Demokratien chauvinistische Politik Zustimmung gewann, wie es kommen konnte, dass die Feinde der offenen Gesellschaft Morgenluft wittern. Warum sie plötzlich auch für Menschen wählbar scheinen, die definitiv keine Rechtsradikalen sind. Wir müssten versuchen, sie und ihr Denken genauer kennenzulernen, anstatt bloß reflexhaft mit den alten Ritualen des Antifaschismus darauf zu reagieren. Bald würden wir merken, dass da nicht viel ist, dass wir uns momentan vor Scheinriesen fürchten. So etwas sieht man aber erst aus der Nähe.

Jeder für sich müsste zudem in ehrlicher Selbstprüfung durchzählen, welche persönlichen Überzeugungen tatsächlich noch unangetastet geblieben sind, seitdem wir von einer Krise zur nächsten taumeln. Ratlosigkeit zulassen, sich langsam vortasten, sich wirklich von veränderten Tatsachen beeinflussen lassen, anstatt bloß von gut abgehangenen Gesinnungen zu leben. Ich musste mir zum Beispiel eingestehen, dass ich heute in der Flüchtlingsfrage nicht mehr so denke wie im Herbst 2015, ohne freilich einfach ins Gegenteil gekippt zu sein. Die vorbehaltlose Zustimmung zu einer Politik der offenen Grenze ist bei mir der Einsicht gewichen, dass wir den Kern des Asylrechts nur werden verteidigen können, wenn wir nach Hilfsbedürftigkeit unterscheiden und Bürgerkriegsflüchtlinge anders behandeln als beispielsweise Einwanderer vom Balkan. Niemand ändert gern seine Meinung, auch ich nicht. Aber wir können die Verhältnisse nur dann beeinflussen, wenn wir uns wieder darauf einigen, auch mit denen, die nicht unserer Meinung sind, in einer gemeinsamen Wirklichkeit zu leben und nicht nur in Blasen und Echokammern. Diese Einsicht könnte helfen, der Versuchung zu widerstehen, mit Populismus auf Populismus zu reagieren, also mit purer Gefühlspolitik. Jetzt schnell klare Kante gegen rechts zu zeigen, wird nicht reichen, auch wenn es vielleicht gut für die eigene verunsicherte Seele wäre, die ganz schnell was tun will, um ein Ventil für den eigenen Unmut zu haben. Machen wir uns keine Illusionen: Es gibt da Leute, die wollen den Bürgerkrieg! Diese Einladung sollten wir ausschlagen.

Aber diese Zeit zum ruhigen Nachdenken haben wir leider nicht, ein Moratorium wird es nicht geben, das ist das Paradoxon. Andere Länder haben vorgemacht, wie schnell es gehen kann, die Demokratie in ihrer Substanz zu zerstören. In der Türkei haben ein paar Wochen gereicht, das sollte als Warnung genügen. Und Trump hat nach seinem Amtsantritt sein Land in wenigen Tagen verändert. Ringsherum ist in kurzer Zeit verdammt viel passiert, über das man sich nicht freuen kann. Auch bei uns werden die kommenden Monate entscheidend sein. Wenn es aber nicht mehr die starken Überzeugungen sind, die uns vom Sofa holen werden, was ist es dann, was auch die Verzagten mitreißen könnte, beim Projekt Demokratie-Rettung dabei zu sein? Mein Vorschlag wäre: Haltung statt Gesinnung. Mit Haltung meine ich, dass man es als selbstverständlich betrachtet, ein engagiertes Leben zu führen. Dass man irgendwann die Frage gar nicht mehr versteht, warum man sich engagiert. Denn wer nur um sein eigenes Wohlergehen kreist, dem fehlt eine Farbe im Leben. Demokratie ist nicht bloß eine von mehreren Regierungsformen, eine Machttechnik für Politikprofis. Demokratie ist eine Lebensform. Wir haben vergessen, wie attraktiv sie ist. Wie gut es denen geht, die sich nicht nur um sich selbst kümmern, sondern zum Gelingen des Gemeinwesens beitragen. Weil sie spüren, dass es auf sie ankommt. Häufig wissen sie gar nicht, wenn sie sich um ihren Stadtteil kümmern, dass sie in diesem Moment Politik betreiben. An der eigenen Haltung kann man arbeiten. Es ist wie beim Sport: Der Anfang ist das Schwerste. Der untrainierte Muskel tut besonders weh. Aber wir können jederzeit, also auch jetzt, einen neuen Anfang machen.

Liebe deine Stadt

1.

Wenn man den Kölner Stadtteil Finkenberg googelt, stößt man auf lauter schreckliche Dinge. Hier wohnen »die harten Kinder von Köln«, titelte schon vor Jahren die Lokalzeitung. Die Hochhaussiedlung wird zu den schwierigsten sozialen Brennpunkten des Landes gerechnet, in der öffentlichen Wahrnehmung steht sie für Kriminalität, Verwahrlosung und Gewalt. Nichts wie weg hier, wenn es irgend geht, müsste folglich das naheliegende Bestreben ihrer Bewohner sein. Gutes Leben ist anderswo.

Kürzlich bin ich dorthin eingeladen worden, um ein Gespräch der Finkenberger über den Zustand ihrer Siedlung zu moderieren. Eine junge Frau, die dort groß geworden ist, hatte einen Film gedreht über Menschen, die in der Anonymität der Hochhäuser leben. Sie wollte zeigen, dass in Finkenberg nicht nur die Tristesse zu Hause ist.

Nach der Filmvorführung in der Gesamtschule geschah etwas Erstaunliches: Die meisten im Saal nahmen das Gesehene zum Anlass, um ein Bekenntnis zu ihrer Siedlung abzulegen. Die soziale Misere dort wurde mitnichten verschwiegen, es gab reichlich Klagen über Vermüllung und Verrohung. Aber die Grundmelodie der meisten Aussagen war eine andere: »Mich kränkt es, wenn über meinen Stadtteil schlecht geredet wird.« – »Finkenberg ist viel besser als sein Ruf.« – »Hier halten die Leute zusammen.« Manche begannen, von schönen Momenten zu erzählen, die man ihrer Meinung nach nur in Finkenberg erleben kann. Endlich gab es mal eine Gelegenheit, in die andere Richtung zu übertreiben. Wo doch sonst immer nur von den »Assis« die Rede sei, die sich gar nicht erst um einen Ausbildungsplatz zu bewerben bräuchten, weil schon ihre Postanschrift für eine Absage genüge. Was es heißt, stigmatisiert zu sein, muss man den Finkenbergern wirklich nicht erklären. Dieses starke, beinahe trotzige Wir-Gefühl im Saal hat mich überrascht. Die aus den besseren Stadtteilen haben doch keine Ahnung von uns, und sie verachten uns auch noch, das war der Tenor.

Folgendes lässt sich aus dieser Situation lernen: Menschen wollen identifiziert sein. Sie leben nicht wie der Einsiedler in der Wüste, sondern betrachten sich als Teil einer Lebenswelt, wollen dazugehören. Und Menschen wehren sich, wenn Respekt und Anerkennung verweigert werden. Darüber sollten wir genauer nachdenken. Die Frage der Identität hat nämlich zusehends an Bedeutung gewonnen: Wer bin ich, was macht mich aus, was verbindet mich mit anderen? Einen beträchtlichen Teil unseres Lebens verbringen wir mit der Suche nach Antworten, weil sie nicht mehr selbstverständlich sind. Weil wir im 21. Jahrhundert erfreulicherweise leichter als früher Rollen verändern und Herkünfte hinter uns lassen können. Das hat Freiheitsspielräume eröffnet, die Generationen vor uns undenkbar gewesen wären, gleichzeitig aber auch alte Sicherheiten erschüttert. Für ein gutes Leben benötigen wir offenbar nicht nur Flügel, sondern auch Wurzeln. Das merken wir jetzt.

Die Jahrzehnte des Neoliberalismus waren geprägt vom Leitbild des Jobnomaden. Der sollte bereit sein, bei der nächsten Lebenschance, die sich bietet, sofort alles hinter sich zu lassen, seine Wurzeln zu kappen. Der sollte sich in Singapur genauso schnell heimisch fühlen wie in Solingen. Der durfte nicht nur für sich ganz allein entscheiden, er musste es auch. Im Falle des Scheiterns blieb ihm nichts anderes übrig, als sich selbst zum Schuldigen zu machen. Das waren die Jahre des Hyperindividualismus, die uns jetzt auf die Füße fallen. Denn nach diesen Maßstäben kann vielleicht eine erfolgreiche Oberschicht leben, jedenfalls bis zum Burn-out, eine Mehrheit der Bevölkerung aber offenbar nicht. Fragt man Jugendliche, was ihnen für die Zukunft besonders wichtig ist, dann antworten die meisten von ihnen: stabile Bindungen. Sie werden deshalb von ahnungslosen Erwachsenen, die Jugend mit dem Klischee der Revolte in Verbindung bringen, für spießig gehalten.

Nichts anderes fördert die empirische Glücksforschung zutage. Wenn die elementaren Bedürfnisse erfüllt sind, Nahrung, Kleidung, Gesundheit, das Dach über dem Kopf, geht es uns vor allem dann gut, wenn wir Gelegenheit haben, uns als soziale, gesellige Wesen zu erleben. Nicht von ungefähr wird gerade der Begriff Heimat wiederentdeckt, und man sollte ihn keinesfalls den Rechten überlassen. Mit dieser Sehnsucht nach Verwurzelung erkläre ich mir, warum Identitätspolitik derzeit eine so große Rolle spielt. An Angeboten, an einfachen Antworten auf die Identitätsfrage, herrscht ja derzeit kein Mangel. Die AfD setzt auf Retro und stellt wieder Volk und Nation ins Schaufenster. Migrantenorganisationen betonen die Bedeutung der ethnischen Herkunft, sodass junge Leute, die in Deutschland geboren sind, kurioserweise PKK-Fahnen schwenken oder Bilder von Erdoğan. Unter Binationalen macht sich die Gewohnheit breit, abschätzig von »Biodeutschen« zu sprechen, als ob jeder, der zwei Elternteile aus einem Land hat, gewissermaßen ein biografisches Defizit mit sich herumschleppt. Veganer schließlich meinen, dass nur der radikale Verzicht auf Tierprodukte die Welt noch retten kann, und verbreiten schlechte Laune, wenn sie unter Fleischessern gelandet sind.

Obwohl die Genannten auf den ersten Blick wenig gemein haben, suchen sie doch alle nach dem archimedischen Punkt, von dem aus sich die eigene Persönlichkeit und das eigene Handeln vollständig erklären lassen. Das genau bin ich, in diesem alles entscheidenden Punkt bin ich anders als die anderen, die nicht meine Wahl teilen, und fühle mich mit denen verbunden, die in diesem archimedischen Punkt mit mir übereinstimmen. Identitätspolitik ist eine Antwort auf die »Neue Unübersichtlichkeit«, die sich durch die rasche Folge ständig neuer globaler Krisen als echtes Lebensproblem für uns permanent verschärft. Wir fühlen uns halt verdammt wohl unter Gleichgesinnten. In Gemeinschaft mit anderen erleben wir uns selbst auf eine andere Art als allein in den eigenen vier Wänden. Wir sind als soziale Wesen auf Resonanz angewiesen. Wer verstärkt auf dem Identitätspfad unterwegs ist, sucht nach der Wärme der Gemeinschaft, läuft aber Gefahr, ein Leben in der Blase zu führen. Man kriegt gar nicht mehr mit, warum andere anders denken. Identitätspolitik bedeutet häufig auch, dass ich nicht nur mich selbst, sondern auch den anderen, der meinen Lebensstil nicht teilt, auf ein einziges Persönlichkeitsmerkmal reduziere. Dann ist der andere zuallererst schwul, Moslem oder Ungläubiger, obwohl er vielleicht auch Fußballfan, Sushi-Liebhaber, Balkongärtner ist und die vielen anderen Facetten seiner Persönlichkeit gar nicht alle aufgezählt werden können.

Für die Demokratie ist radikale Identitätspolitik eine Bedrohung. Demokratie muss den Dissens organisieren und verteidigen. Sie muss nicht nur dafür sorgen, dass sich Menschen mit sehr unterschiedlichen Lebensstilen nicht gegenseitig an die Gurgel gehen. Ein gleichgültiges Nebeneinander, wie wir es leider in den bereits existierenden Parallelgesellschaften haben, reicht nicht. Demokratie muss Erfahrungsräume schaffen, in denen wir uns in unserer Verschiedenheit begegnen und merken, dass man diese Räume weiter verschönern kann. Für diese Erfahrung ist die Stadt ideal. Hier können wir Mikrokosmopoliten sein und Verschiedenheit genießen. Menschen ärgern sich, wenn es irgendwo hässlich aussieht, und meiden solche Orte, Menschen zieht es dorthin, wo es schön ist. Wer genau schaut, findet auch in Finkenberg, das von außen betrachtet so trostlos wirkt, heimelige Ecken, in denen man sich trifft. An dem besagten Abend handelten die Erzählungen von schönen Momenten im eigenen Leben indirekt immer von solchen Orten.

Positive Veränderungen beginnen häufig mit Ästhetik. Wo Scheiben eingeworfen sind, verabredet man sich nicht. Wir wissen also, was zu tun ist. Wir sollten alles tun, damit man sich im öffentlichen Raum wohlfühlt und sich gern dort aufhält. Damit die Stadt nicht nur den Autos und dem Konsum gehört. Der französische Ethnologe Marc Augé hat beschrieben, welche Gewalt wir unseren Städten dadurch angetan haben, dass wir mit Parkhäusern, Schnellstraßen und Malls systematisch »Nicht-Orte« geschaffen haben, an denen man nicht verweilen will. Wiedereroberung der Stadt heißt auch: aus »Nicht-Orten« wieder Orte machen.

Einige gelungene Beispiele hat die Urban-Gardening-Bewegung geliefert. Sie hat städtische Brachen in Gärten verwandelt. Dort geht es natürlich nicht primär darum, Tomaten zu ziehen, sondern Menschen, die Nachbarn sind, ohne voneinander zu wissen, in Kontakt zu bringen. Ein intaktes Gemeinwesen ist auf Gelegenheiten angewiesen, bei denen wir uns von Angesicht zu Angesicht begegnen. In Finkenberg sagte einer, dass es schön sei, zusammen draußen auf der Bank zu sitzen und Pistazien zu knabbern. Aber wer dabei die Schalen einfach fallen lässt und die Entsorgung der Müllabfuhr überlässt, sorgt dafür, dass die Bänke am nächsten Tag leer bleiben.

In Finkenberg kann man leider auch studieren, wie soziale Probleme die Verhässlichung des öffentlichen Raums vorantreiben. Der örtliche Polizeibeamte zeigte mir alte Ansichtskarten aus der Frühzeit der Hochhaussiedlung. Auf einer sah man, dass der zentrale Platz früher begrünt war, wo heute nur noch Betongrau herrscht. Man habe die Sträucher entfernen müssen, damit in ihrem Schutz nicht länger Drogengeschäfte abgewickelt werden konnten, lautete die Begründung des Polizeibeamten.

In der Stadt machen wir aber auch Erfahrungen von verstörender Fremdheit. Unvergesslich ist für mich der Moment, als ich in einem städtischen Krankenhaus einen Aufzug betreten wollte. Die Tür öffnete sich, und mein Blick fiel auf die einzige Person, die bereits in der Kabine war, eine Burka-Trägerin. Sofort drehte sie sich um, wandte mir den Rücken zu und zog es vor, an die Wand zu starren. Die wenigen Sekunden dieser gemeinsamen Fahrt zu zweit kamen mir endlos vor. Ich fragte mich, was sie wohl in diesem Moment über mich als Mann denken möge. Obwohl ich nichts über die Frau wusste und kein einziges Wort gefallen war, fühlte ich mich nicht nur unbehaglich, sondern, wenn ich ehrlich bin, auch verletzt. Denn man kann bekanntlich nicht *nicht* kommunizieren. Auch das wortlose Sichabwenden ist eine Art Sprache, eine Sprache der Negativität.

Das Fremde so nah, das Fremde so fern – für beide Erfahrungen bietet die Stadt den Raum, und mitunter schärfen Begegnungen wie diese den Sinn für das Eigene, das man verteidigen möchte.

Vor einiger Zeit hatte ich das Glück, einen syrischen Flüchtling als Freund zu gewinnen. Irgendwann sagte er zu meiner Verwunderung, es gebe in Deutschland so viele Ausländer, das sei nicht gut. Ich widersprach ihm und verwies darauf, dass das Zusammenleben in meiner Stadt doch alles in allem gut funktioniere. Heute ist es so, dass ich mich, wenn ich spätabends in der Straßenbahn unterwegs bin, manchmal beim Durchzählen erwische. Weil die Veränderungen so sichtbar geworden sind. Wie viele Deutsche sind außer mir noch in der Bahn? Meldet sich dann die AfD in mir? Hat die Identitätsfalle zugeschnappt? Ich denke, wir sollten den Mut haben, uns auch über solche ambivalenten Gefühle miteinander auszutauschen. Denn was erst ausgesprochen ist, kann anschließend rational bearbeitet werden. Dann wird einem gemeinsam klar, dass es in der Stadt gewaltige Schieflagen gibt. Ein paar Stationen lang, wenn die Straßenbahn die ärmeren Quartiere passiert, hört man hauptsächlich Türkisch und Arabisch, Minuten später, wenn es in den Speckgürtel am Stadtrand geht, vor allem elaboriertes Deutsch. Auch wenn ich keine konkrete Formel besitze: Gelingende Integration hängt ganz banal an der Zahl. Darüber kann jede Grundschullehrerin, die Erfahrungen mit gemischten Klassen hat, lange erzählen. Desintegration herrscht vor allem dort, wo zusätzliche Lasten ausgerechnet den Quartieren aufgebürdet werden, in denen auch vor der Einwanderungswelle von 2015 die Armut längst zu Hause war.

Wir benötigen einen Stadtplan, aus dem die Verteilung der Flüchtlingsunterkünfte ersichtlich ist. Wir sollten überhaupt gut darüber Bescheid wissen, wie zunehmende Ungleichheit die eigene Stadt spaltet. Damit wir gerüstet sind für eine dringend nötige Gerechtigkeitsdebatte, um die sich bislang das Land herumgedrückt hat. Wir sollten den Mut haben, denen mehr abzuverlangen, denen es gut bis sehr gut geht! Deren Kinder, weil die Gesellschaft so starr geworden ist, sowieso zu den Gewinnern gehören werden. In den bürgerlichen Quartieren kann man beim Latte macchiato leicht stolze Bekenntnisse zu einem Land mit offenen Grenzen ablegen, weil man mit den sozialen Folgen nichts zu tun hat: dem harten Wettbewerb um bezahlbaren Wohnraum und dirty jobs.

Liebe deine Stadt! Das könnte ein Angebot zur Identifikation sein, das mit den Angeboten der radikalen Vereinfacher auf dem Marktplatz der Identitäten konkurrieren kann. Viele drücken diese Liebe längst aus und pappen sich einen Aufkleber mit dem eigenen Wohnsitz aufs Auto, übrigens viel häufiger als die Farben Schwarz-Rot-Gold. Wir müssen uns nur noch gegenseitig sagen, dass diese Liebe gern praktisch werden darf. Schön wäre es zum Beispiel, wenn sie soziale Grenzen überspringt, wenn Menschen aus wohlhabenderen Quartieren sich auch in ärmere hinein vernetzen. Wer identifiziert ist, das ist jedenfalls meine Beobachtung, ist auch viel offener für das Neue. Früher hätte man von Lokalpatriotismus gesprochen, das Wort klingt heute etwas borniert. Aber gemeint ist eigentlich das Gleiche: Wenn wir uns um die Verhältnisse in der eigenen Umgebung kümmern, tun wir das nicht nur als rationale Problemlöser, dann sind immer auch Gefühle im Spiel. Diese Gefühle mit denen zu teilen, die ganz anders sind als ich, halte ich für eine schöne Vision. »Stadtluft macht frei«, hieß es schon im Mittelalter. In der Stadt können Fromme vom Glauben abfallen und Atheisten sich taufen lassen, ohne von ihrer Umgebung geächtet zu werden. Die Stadt ist der Raum, in dem wir erfahren, dass wir die Dinge beeinflussen können.

Mache dir die Welt zum Dorf

2.

Die Antwort auf die Globalisierung ist das Dorf. Diese Behauptung klingt vermutlich ziemlich rückwärtsgewandt. Wenn doch Macht diffus geworden ist, weil ihre Zentren weit entfernt von unserer Lebenswelt liegen, an der Wall Street, im Silicon Valley, im Niemandsland der Algorithmen, in der Hand von digitalen Moskauer Trollen, die manipulativ in Wahlkämpfe eingreifen, wieso dann das Politische so klein denken? Wenn man doch heute als politischer Mensch nur noch in den Kategorien der *einen* Welt denken kann, weil alle globalen Probleme auf schwer zu entwirrende Art miteinander verwoben sind, warum nicht rufen, so wie es früher mal viele getan haben: hoch die internationale Solidarität? In der Tat behaupte ich, dass selbst der Raum der Stadt noch zu groß ist, um die Erfahrung der Selbstwirksamkeit wieder neu zu entdecken, die uns zuletzt verloren gegangen ist. Dass wir noch kleiner werden anfangen müssen. Schon Rousseau war der Überzeugung, dass die ideale Republik nicht größer sein darf als seine Heimatstadt, der Stadtstaat Genf. In der derzeitigen Situation der kollektiven Mutlosigkeit kommt es jedenfalls darauf an, erste Schritte einzuüben. Was später daraus folgt, wie man die Kreise des Politischen allmählich wieder größer ziehen kann, steht auf einem anderen Blatt. Ich behaupte nicht, dass, wer Politik im Nahbereich betreibt, sich keinen Kopf mehr machen muss um Niedriglöhne in Deutschland, die Rettung der europäischen Idee und globale Gerechtigkeit. Das wäre tatsächlich ein bornierter Lokalpatriotismus. Ich behaupte nur, dass wir heute verstärkt auf Geschichten des Gelingens angewiesen sind, um Mut zu mehr zu fassen. Und diese Geschichten lassen sich nun mal im eigenen Umfeld leichter erleben. Und ich behaupte, dass das Glück des Gelingens im Kleinen sich so verhält wie der erste Stein, der ins Wasser geworfen wird. Wenn in Pakistan eine Textilfabrik brennt und wir medial vermittelt von unserer eigenen Verstrickung erfahren, von Konsumlust hier und Verelendung dort, dann resultiert daraus erfahrungsgemäß nicht politische Aktion, sondern Ohnmacht, Verdrängung, Apathie. Die Welt ist kleiner geworden, wird häufig gesagt, seitdem es die Globalisierung gibt. Ich meine, dass eine ihrer fatalen Wirkungen darin besteht, dass jeder Einzelne sich seitdem viel kleiner fühlt, als er ist. Wir sind reich an Informationen, weil jeder Winkel ausgeleuchtet wird und jede Krise als Nachricht zu uns herüberschwappt, aber wir sind arm an Wissen, was mit all diesen Informationen praktisch anzufangen wäre.

Es gibt aber noch einen weiteren Grund, warum die Politik des Nahbereichs zuletzt wichtiger geworden ist. Seitdem die Demokratie von ganz rechts attackiert wird, ist klarer geworden, wie sehr eine offene Gesellschaft auf Bürgerengagement angewiesen ist. Rechte Vordenker konzentrieren sich strategisch nicht allein auf die Parlamente, sie wollen ihre Kämpfe vor allem im sogenannten vorpolitischen Raum führen. Also auf Elternabenden in der Schule, im Sportverein, in Kirchengemeinden, in lokalen

Initiativen. Über die Zukunft der Demokratie entscheidet also wesentlich, ob wir eine intakte Zivilgesellschaft sind, die solche Versuche erstens durchschaut und zweitens entschieden zurückweist. Eine Zivilgesellschaft, die Beispiele von guter Praxis zur Hand hat, um zu beweisen, dass Partizipation gelingen kann.

Damit keine Missverständnisse entstehen: Das Dorf ist eine Metapher. Es geht nicht darum, das Heil der Welt im Landleben zu suchen. Dörfer kann man auch mitten in der Großstadt gründen, viele existieren bereits.

Mein Lieblingsdorf heißt Hoevi-Land. Der Name ist eine Neuschöpfung aus den beiden Stadtteilen Höhenberg und Vingst im rechtsrheinischen Köln, die zu den sozialen Brennpunkten gezählt werden. Hier ist es gelungen, an verschüttete Traditionen der alten Arbeiterkultur anzuknüpfen, die wesentlich durch solidarische Nachbarschaftshilfe geprägt war. Was vor Jahren mit dem Engagement von Einzelnen begonnen hat, wird heute von einem Netzwerk Hunderter Ehrenamtler getragen, die selbst ihren eigenen Nachwuchs rekrutieren. Ein schnelles, unbürokratisches Hilfssystem für soziale Notlagen. Das ist politisches Handeln, auch wenn die Beteiligten es vielleicht gar nicht so bezeichnen würden! Wer Menschen dort von ihrem eigenen Tun erzählen hört, spürt sofort die Identifikation mit einem Gemeinwesen, das man selbst mitgestaltet hat. In Einheiten von zehn- bis fünfzehntausend Menschen kann man solidarische Beziehungen von unten organisieren, die dabei mithelfen, dass möglichst keiner in Einsamkeit verloren geht.

Obwohl das Gleiche gemeint ist, klingt es mir zu technisch, wenn statt Dorf Netzwerk gesagt wird. Aber genau darum geht es: die eigenen Netze erst einmal dorthin auszuwerfen, wo Menschen mindestens die Postleitzahl schon einmal gemeinsam haben. Ein erster Schritt könnte heute also darin bestehen, die bereits existierenden Strukturen vor der eigenen Haustür kennenzulernen und zu prüfen, wie viel *Spirit* dort noch vorhanden ist. Falls der nicht reicht, muss man eben mit ein paar Gleichgesinnten eine Neugründung wagen. Ein schönes Beispiel dafür ist das Format »Köln spricht«. Ein paar junge Leute, die sich Sorgen um die Zukunft der Demokratie machen, haben in ganz kurzer Zeit ein Debattenformat entwickelt, das so erfolgreich ist, dass inzwischen Ordner den Einlass verwehren müssen, wenn der Saal überfüllt ist. Sie haben erkannt, wie wichtig in der derzeitigen Situation der Verunsicherung analoge Orte sind, damit wir Gelegenheiten haben, uns wechselseitig zu versichern, wofür wir einstehen wollen. Und die Erfahrung machen, nicht allein zu sein. Solche analogen Orte der Demokratie benötigen wir jetzt hundertfach im ganzen Land.

Das alles hat übrigens den angenehmen Nebeneffekt, dass man Engagement und Geselligkeit gleichzeitig leben kann, Altruismus und Eigennutz. Wo auch immer lokale Bewegungen erfolgreich sind, lässt sich beobachten, wie dort Menschen über gemeinsames Tun zueinandergefunden haben. Beziehung schafft Stabilität. Die konkrete Aktivität ist das gemeinsame Dritte, das zwei, die sich vorher gar nicht kannten, obwohl sie dicht beieinanderleben, plötzlich miteinander verbindet. Und wer länger aktiv ist, kennt bald viele Menschen aus mehreren Projekten. Engagierte Leute sind ja auch meist interessanter als Zeitgenossen, die nur über Kochrezepte oder Fitness reden. Man wird es also auch genießen, Mitstreiter zu treffen. Oft wird in den Diskussionen um politisches Engagement dieser Aspekt vollkommen vergessen, obwohl er mindestens so wichtig ist wie das politische Projekt selbst. Denn unsere Gesellschaft hat ein handfestes Geselligkeitsproblem, viele leben in Einsamkeit. Wir könnten entdecken, dass gemeinsames Handeln ein zwangloses Miteinander möglich macht, eine bislang verborgene Seite der eigenen Persönlichkeit zum Tragen bringt. Fast alle Lebensbereiche sind inzwischen erfasst von der Logik der Ökonomisierung. Überall herrscht das Streben nach dem größtmöglichen Nutzen in möglichst kurzer Zeit. Umso wichtiger ist es, Gelegenheiten zu schaffen, bei denen wir uns begegnen, nicht weil wir es müssen, sondern weil wir es wollen. Erst da, wo Menschen zwanglos aufeinandertreffen, sind sie frei. Ausgerechnet in der Sphäre des Politischen, die wir heute mit lauter Sachzwängen verbinden, haben wir die Chance, die Erfahrung von Freiheit zu machen. Dieser Gedanke von Hannah Arendt mag vielleicht erst einmal merkwürdig fremd und pathetisch wirken. Aber wer ihn auch nur einen Moment auf sich wirken lässt, beginnt zu ahnen, welche Tür sich da gerade öffnen oder schließen könnte. Uns stehen heute viele Optionen zur Verfügung, wie wir unsere freie Zeit verbringen können. Aber wer sich gegen ein engagiertes Leben entscheidet, verpasst nicht irgendetwas, der verpasst etwas Wesentliches. Das merkt man allerdings erst unterwegs, mitten im eigenen Tun.

Die Demokratie ist darauf angewiesen, dass möglichst viele ein Wissen davon haben, wie man zusammenfindet, um sich über öffentliche Angelegenheiten auszutauschen. Dieses Wissen ist derzeit fast verschüttet. Keiner kennt mehr den Ort, an dem dies geschehen könnte, die Polis hat keine Agora mehr, keinen Marktplatz des öffentlichen Gesprächs und Meinungsstreits. Die Talkshow und die sogenannten sozialen Medien sind nur ein schlechtes Surrogat. Parteienkrise heißt eben auch, dass es keine wirklich funktionierende, gesellschaftlich breit verankerte Versammlungsdemokratie mehr gibt. Die wenigsten Ortsvereine der Parteien sind noch lebendige Organismen, die die Meinungsbildung von unten nach oben strukturieren. Diese deprimierende Erfahrung werden vermutlich viele derer machen, die nach der Trump-Wahl online in eine Partei eingetreten sind. Viele von uns sind momentan auf dem Sprung, sie würden sich gern einbringen, wissen aber nicht wie, wann und wo. Wir sollten folglich bedenken, wie wichtig die Beziehungsebene für gelingendes Handeln ist. Viele gute Ideen scheitern daran, dass es auf dieser Ebene nicht stimmt. Dann wirken Eifersüchteleien als Spaltpilz, oder es fehlt an einer klugen Arbeitsteilung, die es möglich macht, dass jeder die besonderen Talente und Zeitbudgets einbringen kann, die er besitzt. Denn bei Partizipation gilt: Jeder das, was er kann. Manche sind gute Crowdfunder, andere begabte Kommunikatoren im Netz, wieder andere haben ein Händchen dafür, wie man die unterschiedlichsten Temperamente an einen Tisch bringt. Wichtig ist nur, dass jeder, der sich einbringt, in seinem Engagement von den anderen gesehen und gewürdigt wird. Denn wir alle sind auf Anerkennung angewiesen und handeln nicht nur aus reiner Selbstlosigkeit.

Interessant ist in diesem Zusammenhang das Konzept des sogenannten *Community Organizing*. Es ist in den 1930er-Jahren in den USA in einem Slum von Chicago entstanden. Der Soziologe Saul Alinsky, selbst ein ehemaliges Getto-Kid, hatte damals die so simple wie geniale Idee, wie Demokratie von unten neu belebt und sozialer Zusammenhalt organisiert werden kann: Er kopierte die Strukturen der Mafia! Was in der Halbwelt die Paten waren, waren bei Alinsky sogenannte Schlüsselpersonen. Der Gedanke ist einfach: Netzwerke sind dann stabil, wenn Menschen in ihnen wirken, an denen sich andere orientieren, von denen sie sich mitreißen lassen. Schlüsselpersonen sind Menschen, die das Vertrauen einer jeweiligen Gruppe genießen, in ihrem Namen sprechen zu dürfen. Ein erfolgreiches Netzwerk besteht dann aus Schlüsselpersonen, die sehr verschiedene Gruppen repräsentieren, die vorher meist gar keinen Kontakt miteinander hatten. Alinsky hat es geschafft, linke Gewerkschafter, Katholiken und Geschäftsleute an einen Tisch zu bitten, die zunächst nur die eine Gemeinsamkeit hatten, dass sie aus eigener Kraft etwas gegen die Verelendung vor der eigenen Haustür tun und nicht länger auf den Staat warten wollten. *Community Organizing* ist ein radikaldemokratisches Konzept, das auf die Gestaltungskraft von unten setzt und die Lösung von sozialen Problemen nicht allein dem Wohlfahrtsstaat überlässt. Das muss man wissen, auch wenn die Idee von den einflussreichen Schlüsselpersonen zunächst einmal elitär und wenig demokratisch wirkt. Dabei steckt nicht mehr dahinter als Menschenkenntnis. Wer sich einmal umschaut, was bei gesellschaftlichen Zusammenkünften geschieht, egal ob im Sportverein, in der Schulpflegschaft oder in einer Partei, wird am Ende eines Abends problemlos benennen können, wer die Schlüsselpersonen im Raum waren, ohne sie vorher gekannt zu haben. Das müssen beileibe nicht die Vielredner sein, Schlüsselpersonen können auch mit wenigen Worten Richtungen ändern. Es sind diejenigen, auf die sich andere verlassen, weil sie sich als zuverlässig erwiesen haben. In die Sprache der digitalen Welt übersetzt: Es sind die starken Knoten, zu denen alles hinstrebt, mit denen sich alle schwachen Knoten verlinken wollen. Alinsky hat, bevor er daranging, die sogenannte Bewegung der Hinterhöfe zu gründen, erst einmal *Nosing around* betrieben, wie er seine Methode nannte, um Schlüsselpersonen im Quartier zu identifizieren und mehr über die drängendsten Nöte zu erfahren. Lokale Demokratie beginnt also mit aktivem Zuhören, lange bevor gehandelt wird. Daran zu erinnern, scheint mir heute besonders wichtig zu sein, wo doch viele Diagnosen zum Vertrauensverlust von Politik darin übereinstimmen, dass sich viele Gewählte sehr weit von der Lebenswelt entfernt haben, in der die harten Probleme zu Hause sind.

Es fehlt bis heute an einem einprägsamen deutschen Begriff für dieses Chicagoer Konzept, Gemeinwesenarbeit klingt grauenhaft. Wichtiger ist aber, dass in schwierigen Quartieren deutscher Großstädte längst damit experimentiert wird. In Berlin, in Hamburg, seit Kurzem auch in Köln. Im Berliner Stadtbezirk Wedding beispielsweise ist es auf diese Weise gelungen, ein Problem zu lösen, an dem sich Politik und Verwaltung zuvor jahrelang vergeblich die Zähne ausgebissen hatten. Es ging um die Verwahrlosung des öffentlichen Raums, um die Verhältnisse auf dem Leopoldplatz. Der Leo, wie er von den Anwohnern genannt wird, war mal ein großzügiger, sehr ansehnlicher Platz aus dem 19. Jahrhundert. Irgendwann entwickelte er sich zum zentralen Treffpunkt der Drogenszene, was dazu führte, dass er als Angstraum galt und von anderen konsequent gemieden wurde. Heute kann man sich dort wieder aufhalten, und das Erstaunliche dabei ist, dass die Wiederbelebung des öffentlichen Raums gelang, ohne die Drogensüchtigen zu vertreiben. Sie waren nämlich mit am runden Tisch vertreten, weil auch unter fünfzig Junkies zwei oder drei Schlüsselpersonen zu finden sind, mit denen man nach zähem Ringen verbindliche Absprachen treffen konnte. Erst zuhören, um herauszubekommen, wer diese Personen sind, die die anderen aus der Gruppe in ihrem Verhalten beeinflussen, dann erst handeln. Ein Merksatz des *Community Organizing* lautet daher: Beziehung vor Projekt. Im Wedding haben sich Schlüsselpersonen aus 50 verschiedenen Gruppierungen, von der Moscheegemeinde über die Wohnungslosenhilfe bis hin zum Indonesischen Kulturverein, zunächst einmal in vielen Einzelgesprächen gezielt miteinander bekannt gemacht, bevor sie darangingen, eine Bürgerplattform zu gründen, die dann mehrere Tausend Menschen repräsentierte und entsprechend selbstbewusst gegenüber Politik und Verwaltung auftreten konnte. Erst als das Netzwerk geknüpft war, begann man, sich darauf zu verständigen, welche Probleme im Kiez als Erste angegangen werden sollten. Dieses Handlungskonzept soll vermeiden, dass sich Aktive wieder zerstreuen, wenn ein bestimmtes Projekt beendet ist. Denn der Leopoldplatz war ja nur ein Beispiel für Kampagnen, die helfen sollten, das Quartier lebenswerter zu machen.

Lokale Demokratie benötigt, wenn sie von unten her erneuert werden soll, tragfähige Strukturen, um Phasen der Ermüdung überstehen zu können. Im Jahr 2015 sind in Deutschland in sehr kurzer Zeit fast überall Flüchtlingsinitiativen gegründet worden. Man schätzt ihre Zahl auf etwa 15000. Es fehlte logischerweise die Zeit für Beziehungsarbeit, die meisten Ehrenamtler haben sich dort erst kennengelernt. Und sie taten dies unter günstigen Bedingungen, denn in der Anfangsphase, als die meisten von den Mühen der Ebene noch nichts ahnten, wie viel Kraft es kosten würde, einen Flüchtling durch die vielen Probleme des neuen Alltags hindurchzunavigieren, begegnete man sich in einer Stimmung der Euphorie. Viele schienen nur darauf gewartet zu haben, dass sich ein neues Feld eröffnet, auf dem sich die eigene Bereitschaft, Bürgersinn zu zeigen, entfalten konnte. Zufällig klopfte gerade in diesem Augenblick, als viele sowieso auf dem Sprung waren, dem sozialen Engagement wieder mehr Platz im eigenen Leben zu geben, die Weltgeschichte in Gestalt der Flüchtlinge an die Tür. Alle wussten plötzlich, was getan werden muss. Ich glaube: Wenn sich in diesem Moment ein anderes Problem gestellt hätte, dann hätte man sich eben darum gekümmert.

Inzwischen ist diese Anfangseuphorie verflogen, so manche haben sich auch in ihren eigenen Kräften überschätzt und benötigen eine Pause, um nicht auszubrennen, sodass es nun vielerorts harte Proben geben wird, ob die Strukturen, die seinerzeit in Windeseile entstanden sind, stabil genug sind, um durch Krisen zu tragen. Wiederum dürfte die Beziehungsebene entscheidend sein. Wenn das Netzwerk trägt, wenn es eine wechselseitige Verpflichtung gibt, aufeinander zu achten, dann werden diejenigen, die sich vielleicht zeitweilig zurückziehen, irgendwann den Weg zurückfinden. Die Gründungsgeschichte dieser wohl großartigsten Bürgerbewegung in der Geschichte der Bundesrepublik lässt sich nicht nachträglich korrigieren. Das Tempo hat seinen Preis. Aber für das Kommende könnte dieser Merksatz helfen: Beziehung vor Projekt. So funktioniert das Dorf.

Bleibe gelassen im Umgang mit Demokratie-Verächtern

3.

Der Abend des Anschlags auf den Weihnachtsmarkt an der Berliner Gedächtniskirche: Die Faktenlage ist zunächst dünn, man weiß nur von Toten und Verletzten und einem schweren Laster. Fernsehsender bemühen sich um Seriosität, indem sie immer wieder darauf hinweisen, dass man nicht vorschnell von einem Attentat sprechen solle, weil so vieles noch unklar sei.

Dann kommt die Twitter-Nachricht von Marcus Pretzell, dem NRW-Vorsitzenden der AfD: »Es sind Merkels Tote!« Ich lese diesen Satz und werde sofort wütend. Was für eine gewissenlose Infamie, denke ich, da macht einer auf die zynischste Art mit Opfern Politik. Dass er in diesem Augenblick nicht mehr weiß als alle anderen, ist ihm vollkommen egal. Er pokert hoch und riskiert dabei, ähnlich danebenzuliegen wie André Poggenburg, der AfD-Vorsitzende von Sachsen-Anhalt, der nach dem Münchner Amoklauf im Juli 2016 getwittert hatte: »Merkel-Einheitspartei: danke für den Terror in Deutschland und Europa«. Pretzell bewundert Trump und hat von ihm gelernt, dass es in der Twitter-Demokratie nicht mehr auf Fakten ankommt. Es zählt allein das Gefühl und die Anzahl der Follower. Er ist kein

Lügner, denn für die Wahrheit interessiert er sich gar nicht. Er produziert einfach nur Bullshit. Der amerikanische Philosoph Harry Frankfurt hat schon vor dreißig Jahren beschrieben, welche Verheerungen »Bullshitter« im öffentlichen Raum anrichten. Da konnte er noch nicht ahnen, was heute bei uns los ist. Der Bullshitter bemüht sich gar nicht erst darum, präzise mit Tatsachen umzugehen, was ihn auszeichnet, ist seine Gleichgültigkeit. Ein Bullshitter, so Frankfurt, ist gefährlicher als ein Lügner. Er verpestet das Klima, er zerstört das Vertrauen in die Aufrichtigkeit von Kommunikation. Wäre Pretzell in diesem Moment mit mir in einem Zimmer gewesen, hätte ich ihm wutentbrannt Beleidigungen entgegengeschleudert.

Am nächsten Morgen ist mir dann wieder mal klar geworden, dass Rechtspopulisten sich solche Gefühlsaufwallungen bei ihren Gegnern geradezu wünschen. In der Zeitung lese ich, dass der Bundesvorstand der AfD soeben ein Strategiepapier für den kommenden Bundestagswahlkampf beschlossen hat. Darin heißt es, man wolle »mit sorgfältig geplanten Provokationen« die anderen Parteien zu nervösen und unfairen Reaktionen verleiten. Von der Konkurrenz stigmatisiert zu werden, sei nämlich positiv für das Profil der Partei. Deshalb müssen wir alle sehr schnell lernen, uns diese Gefühlsaufwallungen zu verkneifen. AfD-Politiker *wollen* beleidigt werden, damit sie sich anschließend zu Opfern stilisieren können.

Daher sollten wir gerade jetzt das Recht auf Meinungs- und Versammlungsfreiheit hochhalten. Wir sollten zum Beispiel bei AfD-Veranstaltungen friedlich protestieren, nicht blockieren. Denn es gibt kein demokratisches Recht, einen AfD-Parteitag verhindern zu wollen. Wer ihr bisheriges Programm liest, wird große Mühe haben, darin Verfassungsfeindliches zu finden. Es sei denn, man hält Auffassungen, die nicht die eigenen sind, reflexhaft für jenseits dessen, was man in einer offenen Gesellschaft eben lernen muss auszuhalten. Folglich muss der Grundsatz gelten: Eine niederträchtige Meinung darf und muss man auf zivilisierte Weise verachten und dies auch öffentlich bekunden. Zum Schweigen bringen darf man sie nicht! Demonstrieren also unbedingt, blockieren auf keinen Fall. Wir müssen gemeinsam lernen, was sicher nicht ganz einfach ist, Empörung und Gelassenheit in ein gutes Gleichgewicht zu bringen. Sonst nimmt die Idee der Demokratie selbst Schaden.

Wer dem derzeit triumphierenden Rechtspopulismus etwas Klügeres entgegensetzen will, sollte sich also vor falschen historischen Analogien hüten, nicht Weimar spielen wollen, sondern stattdessen mehr dafür tun, den Gegner von heute besser kennenzulernen. Er ist viel schlauer als früher, als wir rechtes Denken zuallererst mit Dummheit in Verbindung bringen konnten. Heute müssen wir mental verarbeiten, dass diese Leute nicht mehr mit Glatze und Springerstiefeln auftreten, einem nicht mal mehr den Gefallen tun, erkennbar Nazis zu sein. Denn dann wäre das Dagegensein so schön einfach, eine pure Selbstverständlichkeit für jeden aufrechten Menschen. Dann könnte man das bewährte Konzept des »Aufstands der Anständigen« einfach weiterverfolgen, das so lange gut funktioniert hat, als man es nur mit einer überschaubaren Zahl von harten Rechtsextremisten zu tun hatte. Und nicht mit einer Partei, die laut einer Allensbach-Umfrage im Dezember 2016 für fast 20 Prozent der Befragten grundsätzlich wählbar ist, deren jüngste Wahlerfolge aber sogar von mehr als doppelt so vielen mit Genugtuung kommentiert werden. Offenbar sehen viele, die die AfD selbst gar nicht wählen würden, in ihr eine Chance, der etablierten Politik Beine zu machen. Man erkennt daran das Ausmaß der Vertrauenskrise, in der unsere Demokratie gerade steckt. Und wir sollten uns hüten, diesen Personenkreis pauschal als Ewiggestrige zu stigmatisieren, was sie dann wirklich in eine stabile Loyalität mit der AfD treiben könnte. In der derzeitigen Situation ist es extrem wichtig, all jenen, die mit dieser Partei einen Weg gefunden haben, ihre Unzufriedenheit wirksam auszudrücken, den Rückweg offenzuhalten.

Die neue Rechte ist schwer zu fassen, weil sie ein breites Meinungsspektrum abdeckt. Natürlich sind dort notorische Nazis mit untergeschlüpft, und es ist wichtig, solche Allianzen aufzudecken. Aber das Feld zwischen Rechtskonservatismus und Rechtsradikalismus liegt in einem diffusen Nebel. Harte Rechte wollen aus der Grenze zwischen beiden Polen fließende Übergänge machen. Sie wollen konservativ und revolutionär zugleich sein. Wir werden noch sehen, dass sie sich damit unweigerlich in Widersprüche verstricken. Demokratie-Retter sollten alles tun, um diese Widersprüche aufzudecken, damit die Mitläufer ihre Ahnungslosigkeit verlieren. Und wir sollten uns davor hüten, jeden gleich zum Nazi zu machen, der etwas gegen Einwanderung oder die Gendertheorie sagt.

Die neue Rechte hat ausgerechnet von der alten Linken gelernt, wie man Kämpfe um die sogenannte kulturelle Hegemonie führt. Rechte Vordenker lesen Antonio Gramsci, der den Begriff erfunden hat. Gramsci brachte den italienischen Kommunisten seinerzeit bei, dass es in der Politik nicht nur um nackte ökonomische Interessen geht, sondern auch darum, wie man seine eigenen Ideen und Begriffe in den öffentlichen Raum trägt, wie man einen Kampf um die

Köpfe führt, eine eigene Agenda und die eigene Sprache durchsetzt. Und die alte Linke merkt gar nicht, wie sie mit den eigenen Instrumenten von einst geschlagen wird. Sonst wüsste sie, wie wichtig es ist, gerade jetzt gelassen zu bleiben. Wer sich jetzt nämlich zu Gefühlsaufwallungen hinreißen lässt, verhält sich ähnlich ungeschickt wie konservative Professoren, die 1968 hilflos nach der Polizei riefen, wenn linke Studenten Vorlesungen sprengten und junge Frauen ihre Brüste entblößten. Die neue Rechte hat die Ereignisse von 1968, die der Beginn einer längeren Phase kultureller Hegemonie der Linken waren, ziemlich genau analysiert und verfolgt nun ihrerseits das Konzept einer Kulturrevolution. Sie besetzt im vorpolitischen Raum Felder und organisiert sich in eigenen Subkulturen, so wie es die Linke in ihrer Blütezeit erfolgreich vorgemacht hat. Aus dem Mund von so manchem neuen Rechten heute könnte der alte linke Satz von damals stammen: »Das Private ist politisch.«

Denn die demonstrative Pflege bestimmter Lebensstile gewinnt an Bedeutung für rechte Identität. In den Protestformen der neuen Rechten verschwimmen mitunter die Grenzen zwischen Politik und Kunst. Auch das kommt einem bekannt vor aus der Geschichte der Linken, als die Spontis der Kommune 1 ihr »Pudding-Attentat« planten. Wer sich etwa anschaut, wie die identitäre Bewegung, die mehr und mehr zur Speerspitze am äußersten rechten Rand wird, ihre Kampagnen organisiert, wird sich an Greenpeace erinnert fühlen. Alles ist medial inszeniert. Erst werden auf spektakuläre Art symbolische Orte erobert, um ein Staunen auszulösen, wie zum Beispiel das Brandenburger Tor in Berlin oder die Frauenkirche in München. Die trauen sich was, soll nämlich neben dem eigentlichen Inhalt immer mit kommuniziert werden. Anschließend werden große Banner mit Parolen aufgehängt, die die harte Botschaft der Intoleranz gegenüber Fremden mit einer Prise Humor zu verknüpfen versuchen. Am Turm der Münchner Frauenkirche war zu lesen: »Minga ist identitär. #Lederhosenrevolte«. Minga ist die mundartliche Bezeichnung für München. Die eigene Kampagne mit dem Hashtag »Lederhosenrevolte« zu versehen, zeugt von einer gewissen Fähigkeit zur Selbstironie, die man früher Rechten niemals zugetraut hätte. Die galten als humorlose Gröler, die erst dann mutig wurden, wenn sie besoffen waren. Es ist wichtig, solche Veränderungen zu registrieren. Denn gewinnen kann man nur gegen Gegner, die man kennt.

Wenn also Provokation das am häufigsten genutzte Instrument der neuen Rechten ist, dann muss mindestens eine ordentliche Portion Gelassenheit in der fälligen Gegenreaktion enthalten sein, damit sie nicht unklug ausfällt. Was aber ist das Schlimmste, das man einem Provokateur antun kann? Man lädt ihn ein. Man bittet ihn darzulegen, was er außer der Provokation noch zu bieten hat. In einem solchen Moment wird die Misere der Rechten unübersehbar.

Fürchte dich nicht vor rechten Schein-Riesen

4.

Die neue Rechte ist schlau, habe ich behauptet. Das heißt noch lange nicht, dass sie klug ist. Was sie an Vorschlägen zur Gestaltung unserer Gesellschaft vorzuweisen hat, ist denkbar wenig. Über das geistige Niveau eines Wutbürgertums ist sie bislang nicht hinausgekommen. Deshalb stimmt es zwar, dass man sich mit ihren Aktionsformen auseinandersetzen sollte, mit der Taktik der Dauer-Provokation, die den Gegner zu Fehlern verleiten soll. Aber ein Grund zu Ehrfurcht oder gar Angst ist das nicht.

Das wird sehr schnell klar, wenn man Orte der Auseinandersetzung schafft, an denen Rechte in die Situation gebracht werden, nicht nur zu sagen, was sie nicht wollen, sondern Auskunft über eigene Pläne geben zu müssen. Was habt ihr zu bieten, muss die Leitfrage einer selbstbewussten Auseinandersetzung mit der neuen Rechten sein. Das setzt freilich die Bereitschaft voraus, mit ihnen zu reden. Oder genauer: ihnen erst mal zuzuhören, bevor man selbst möglichst besonnen darauf reagiert. Wer dies tut, wird bald feststellen, dass es die eine geschlossene Rechte gar nicht gibt, auch nicht in der AfD. Sie besteht aus lauter Grüppchen, die lose verbunden sind, sich gern auch wechselseitig voneinander distanzieren und fleißig intrigieren, vor allem aber besteht sie aus einer Schar von Solisten mit schillernden Biografien. Es sind sehr bürgerliche Menschen darunter, zumeist ältere Herren, die auf der letzten Wegstrecke ihrer politischen Laufbahn bereit sind, durch das Abdriften in den Populismus ihre Lebensleistung zu ruinieren, aber auch sehr unbürgerliche Menschen mit schlechten Manieren oder kleinkriminellen Karrieren. Dazu harte Ideologen, zumeist jünger, die nach einem theoretischen Unterbau für ihre Politik der Wutsteigerung suchen. Die wollen tatsächlich den Bürgerkrieg. Was diese heterogene Mannschaft momentan zusammenschweißt, ist das euphorische Gefühl, mit dem eigenen Treiben die gesamte etablierte Politik in tiefe Verunsicherung stürzen zu können. Höchste Zeit, dass wir unser Selbstbewusstsein wiederfinden und uns nicht länger von dieser Gefühlspolitik aus dem Tritt bringen lassen.

Kürzlich hat das Anhaltische Theater in Dessau ein Tanztheater-Projekt mit deutschen und syrischen Jugendlichen unter dem Titel »Das Fremde so nah« realisiert. Daraufhin meldete sich ein Abgeordneter der AfD aus dem Landtag von Sachsen-Anhalt mit der Bemerkung zu Wort, dieses Projekt sei manipulativ, den Jugendlichen würde der Sinn für das Eigene »aberzogen«. Eine Polemik ohne jede Sachkenntnis, denn der Abgeordnete hatte das Stück gar nicht gesehen. Mir schien dies eine gute Gelegenheit zu sein, um etwas mehr über die dahinterstehende Denkungsart zu erfahren. Es gelang, auch wenn der besagte AfD-Abgeordnete gekniffen hatte, eine Radiodiskussion im Theater zu organisieren, an der neben Kulturleuten auch Vertreter aus der Landespolitik teilnahmen, darunter der kulturpolitische Sprecher der AfD-Fraktion, Hans-Thomas Tillschneider.

Ein Vertreter des äußersten rechten Rands der AfD, der aus seiner Nähe zu Pegida und zur identitären Bewegung keinen Hehl macht. Tillschneider konnte zum Stück selbst auch nichts sagen, wich daher ins große Ganze aus und bemühte mehrfach die Formulierung, man solle Kulturen nicht miteinander »verschleifen«. Er hatte nichts Praktisches anzubieten, nur Ideologie. Auf meine Frage, wie denn ein Theater-Spielplan aussehen solle, der Gefallen bei der AfD finden könnte, fielen ihm nach längerem Nachdenken die deutschen Klassiker Schiller und Kleist ein. Weil deren Stücke angeblich das Bewusstsein für das Nationale stärken. Man konnte Tillschneider in diesem Moment ansehen, wie peinlich ihm seine dürftige Antwort war, und er musste sich anhören, dass ihm als kulturpolitischem Sprecher vier Wochen Theater-Praktikum guttun würden, um seiner Sachkenntnis aufzuhelfen.

Nach dem Ende der Diskussion vertraute Tillschneider mir enttäuscht an, er habe mit einem Talkshow-Format gerechnet, in dem es viel emotionaler zugeht. Da ist mir wieder mal klar geworden, wie sehr die AfD von der polarisierenden Dramaturgie der Talkshows profitiert. Sie kann dort kalkuliert provozieren, die anderen in der Runde damit zu Gefühlsausbrüchen verleiten und anschließend, weil alle gegen einen durcheinanderreden, bei einem beträchtlichen Teil des Publikums den Mitleidsbonus einheimsen. Ruhige Diskussionen in der Sache sind für die AfD dagegen gefährlich. Transparenz über ihre Ziele auch, sonst würde sie nicht die Presse von Parteitagen aussperren. Sie braucht die Polarisierung, sie braucht die starken Emotionen, sie fürchtet mit Recht die Kraft des guten Arguments.

Folglich muss es unsere Aufgabe in den nächsten Wochen und Monaten sein, lokale Gelegenheiten zum zivilisierten Meinungsstreit zu schaffen. In Schulen, Bürgerzentren, Rathäusern, Volkshochschulen, lokalen Initiativen. Wir müssen mehr Demokratie wagen, in dem Sinne, dass wir lernen, eine hässliche Gesinnung erst einmal auszuhalten, bevor wir sie kritisieren. Wer sie schon vorher zum Schweigen bringen will, hat das Vertrauen in die politische Urteilsfähigkeit längst verloren, der spielt nur noch defensiv. Und in der Welt sind die hässlichen Gesinnungen dank digitaler Medien sowieso. Aussperren lassen sie sich also längst nicht mehr. Locken wir sie doch in die öffentliche Arena, zwingen wir sie doch dazu, ihre eigene Meinungsblase zu verlassen und sich zu stellen! Wer dann kneift, ist selbst schuld. Von ein paar inzwischen Prominenten abgesehen, stehen die Kandidaten der Rechten auf Wahlzetteln, ohne dass man sie in der lokalen Öffentlichkeit kennt. Ihnen auch nur ein Mal gelassen zuzuhören, könnte helfen, unangemessene Ängste vor ihrer Stärke zu zerstreuen. Weil der Schein-Riese, aus der Nähe betrachtet, dramatisch schrumpft, wenn er nichts Konstruktives zu sagen weiß. Oder – was für einen selbst sehr irritierend ist – womöglich ganz anders denkt, als man erwartet hat.

Mir ist das bereits zwei Mal passiert. Das erste Mal war bei einer Bürgerversammlung zum Thema Flüchtlingsbetreuung in meinem Stadtteil. 250 Menschen standen dicht gedrängt im Saal, als plötzlich ein Mann das Wort ergriff und sich als stellvertretender AfD-Vorsitzender von Köln vorstellte. Ein Raunen ging durch den Saal, weil nun alle mit einer Wutrede gegen Flüchtlinge rechneten. Doch das Gegenteil geschah: Der Mann schlug vor, einen Ort zu schaffen, an dem sich hauptamtliche und ehrenamtliche Helfer treffen könnten. Ihm war auch sehr an einer menschenwürdigen Unterbringung der Flüchtlinge gelegen.

Wie ich hinterher erfuhr, handelte es sich bei ihm um einen heimatlosen Konservativen. Der Hass auf Fremde war es jedenfalls nicht, der ihn in die AfD geführt hat.

Das zweite Mal war nach einem von mir moderierten öffentlichen Streitgespräch zwischen dem AfD-Mitbegründer Konrad Adam und dem Rechtsanwalt Mehmet Daimagüler, der die Nebenkläger im NSU-Prozess vertritt. Hinterher kam ein Mann zu mir, der sich als Mitglied in einem Kreisvorstand der AfD zu erkennen gab. Er sei Handwerksmeister und ärgere sich über die Anwesenheit von Rechtsextremen in der eigenen Partei, bitte aber um Verständnis, dass eine junge Organisation Zeit brauche, bis sie solche Leute los sei.

Man sieht derzeit zwar nicht, dass es in der AfD genügend einflussreiche Mitglieder gibt, die so denken wie er. Die Spitze der Partei unternimmt jedenfalls nichts, um eine glaubwürdige Trennung von Rechtsextremisten und völkischen Nationalisten zu vollziehen. Dennoch hatte ich keinen Zweifel, dass dieser Satz des Mannes aufrichtig gemeint war. In beiden Fällen ist mir persönlich schleierhaft, wieso man sich mit solchen Auffassungen in die AfD verirren kann. Gleichwohl waren dies Begegnungen, die mich darin bestärkt haben, wie wichtig es ist zu differenzieren. Nicht in den platten Antifaschismus-Reflex zu verfallen und so zu tun, als hätten wir plötzlich lauter Nazis unter uns. Wir müssen AfD-Sympathisanten den Rückweg offenhalten. Wer anfängt, in dem Schema von Freund und Feind zu denken, erfüllt ungewollt die Wünsche der rechten Strategen.

Für viel wirksamer halte ich das gezielte Einladen von lokalen AfD-Politikern, wenn öffentlich Sachthemen diskutiert werden, die nichts mit Flüchtlingspolitik oder dem Islam zu tun haben, also den Feldern, wo Populisten öffentliche Erregung provozieren können. Lasst sie zu Steuern oder dem Klimawandel sprechen, und sie werden sich zuverlässig blamieren!

Niemand weiß besser, wie gefährlich auch aus diesem Grund die Teilnahme am öffentlichen Diskurs für das eigene Lager ist, als die harten Ideologen der neuen Rechten. Einer dieser harten Ideologen ist Götz Kubitschek, dem es gelungen ist, seinen Wohnsitz Schnellroda in Sachsen-Anhalt zu einem Treffpunkt der rechtsintellektuellen Szene zu machen. Wer seine Texte liest, gerät in einen Strudel aus Weltekel, Larmoyanz und Elitestolz. Er siezt seine Frau, wohnt nicht irgendwo, sondern auf einem »Rittergut«, inszeniert seinen eigenen Lebensstil als verzweifelten Kampf einer Geistesaristokratie aus wenigen Übriggebliebenen um die Identität »unseres Volkes«. Zugleich macht er aus seiner Verachtung für das reale Volk kein Geheimnis, spricht ständig angewidert von der »Verhausschweinung« der Massen, die durch Konsum ruhiggestellt würden. Ein Zyniker, der die Verwendung von Klischees empfiehlt, um die trägen »Hausschweine« in die kommende Revolte zu treiben. Ein von Schwermut Geplagter mit Sehnsucht nach dem Bürgerkrieg. So stellt man sich die Akademiker vor, die sich zu Beginn des Ersten Weltkriegs begeistert als Freiwillige an die Front gemeldet haben, damit ein Schuss Abenteuer in die eigene bürgerliche Existenz hineinkommt. Kubitschek bemüht sich darum, die Idee einer »konservativen Revolution« wiederzubeleben. Er bezieht sich auf Denker wie Ernst Jünger, Carl Schmitt, Martin Heidegger und Gottfried Benn, die mit ihrer Demokratie-Verachtung am Ende der Weimarer Republik geistige Wegbereiter des Nationalsozialismus waren und große Hoffnungen mit dem neuen Führerstaat verbanden. Sie wollten bewahren und umstürzen zugleich und merkten bald, dass sie sich in heillose Widersprüche verstrickt hatten. Mit dem historischen Ergebnis wollten sie nach 1945 freilich nichts mehr zu tun haben.

Kubitschek ist schlau genug, um zu wissen, dass sich so leicht nicht an dieses Denken anknüpfen lässt, er ist weder Holocaust-Leugner noch Apologet der Judenvernichtung. Folglich bleibt ihm nur, die Zeit der NS-Diktatur als dunkles Geheimnis zu behandeln, als Verhängnis und Schicksal, das das deutsche Volk schwer gebeutelt hat. Immer wenn bei ihm die Rede darauf kommt, wird auf peinliche Art geschwiemelt und herumgedruckst. Man merkt, dass die neue Rechte nach wie vor an ihrem größten Problem laboriert: der fehlenden Auseinandersetzung mit NS-Diktatur und Holocaust. Sie hat bis jetzt keinen Umgang damit gefunden, dass das größte Menschheitsverbrechen auf das Konto des eigenen Lagers geht. Trotzdem will Kubitschek eine zweite konservative Revolution, er sieht sich als Vorbereiter des geistigen Bürgerkriegs. Für die AfD heißt das, dass sie sich wird entscheiden müssen: Entweder setzt sie auf Parlamentarismus und die Repräsentanz eines Rechtskonservatismus, der noch so gerade im Rahmen des demokratischen Meinungsstreits verbleibt, oder sie duldet weiterhin den Einfluss von Leuten aus dem geistigen Umfeld Kubitscheks, die gemeinsam mit Identitären und Pegida-Anhängern die Revolte planen. Solche Leute sind gemeingefährlich. Dass Kubitschek sich selbst für einen Konservativen hält, ist nichts als Selbstbetrug. Denn zum Konservatismus gehört die Tugend der Mäßigung. Wer bei Pegida spricht, ist aber politisch und kulturell verwildert. Wir benötigen also dringend öffentliche Foren: nicht nur, um kenntlich zu machen, wie wenig Konstruktives in Sachfragen von rechts kommt, sondern auch, um die Bruchlinie aufzudecken, wo Rechtskonservatismus in Faschismus umschlägt. Jeder Rechte sollte gefragt werden, ob er sich diese Sätze des Vordenkers Kubitschek zu eigen macht: »Uns liegt nicht viel daran, dass ihr unseren Vorsatz versteht. Wozu sich erklären? Wozu sich auf ein Gespräch einlassen, auf eine Beteiligung an einer Debatte? Weil ihr Angst vor der Abrechnung habt, bittet ihr uns nun an einen eurer runden Tische? Nein, diese Mittel sind aufgebraucht, und von der Ernsthaftigkeit unseres Tuns wird euch kein Wort überzeugen, sondern bloß ein Schlag ins Gesicht.«

Verliere nicht den Kontakt zu Menschen, die nicht deiner Meinung sind

5.

Wie kann ich denn ein politischer Mensch werden, wenn ich doch so wenige starke Überzeugungen habe? So manche von früher sind ja längst verdampft. Wie soll ich mich denn einbringen, wenn mein dominierendes Gefühl ist, mich nicht mehr auszukennen in dieser Welt, die aus den Fugen geraten zu sein scheint?

Aus vielen Gesprächen, die ich in den vergangenen Jahren geführt habe, habe ich diese beiden dicken Fragezeichen nicht nur in den Worten von anderen herausgehört, ich trage sie auch selbst mit mir herum. Die Welt des Politischen ist vielen so fremd, weil sie denen zu gehören scheint, die unerschütterliche Gesinnungen haben und diese machtvoll durchsetzen wollen, den Meistern der Vereinfachung und Zuspitzung. Denen, die auch die guten Ideen ihrer politischen Gegner ungeprüft verwerfen. Solche Prozesse wirken heute oft anachronistisch, jedenfalls dann, wenn man Demokratie nicht zuerst als Macht-, sondern als Lebensform versteht, wenn man im Beruf und im Privaten die Erfahrung macht, dass die besten Ergebnisse im Geist der Kooperation zustande kommen. In der Welt des Politischen sind aber immer noch die harten Unterscheidungen zwischen Freund und Feind zu Hause, obwohl doch jeder halbwegs Informierte weiß, dass es in einer komplexen Gesellschaft nicht mehr reicht, die einfachen Schrauben zu drehen. Wo längst infrage steht, ob es der Politik noch einmal gelingen kann, verlorene Souveränität gegenüber mächtigen wirtschaftlichen Interessen zurückzugewinnen. Das Dilemma der demokratischen Parteien besteht jedenfalls darin, dass sie einerseits klar unterscheidbar sein sollen, andererseits aber stets bereit zu einer nicht bloß taktisch motivierten Zusammenarbeit. Vielleicht wird sich dieses Dilemma jetzt auflösen, wo sie gezwungen sind, in existenziellen Fragen Antworten geben zu müssen, und nicht mehr zweitrangige Themen ins Schaufenster rücken können.

Wenn ich Revue passieren lasse, wovon die vielen Krisen der vergangenen zehn Jahre gehandelt haben, dann stelle ich an mir selbst eine tief sitzende Unsicherheit bei der Beurteilung fest, ob die provisorischen Lösungen jeweils richtig oder falsch waren. Von der Banken- über die Eurorettung bis hin zum Flüchtlingsdeal mit der Türkei. Festgesetzt hat sich das Gefühl, dass auch die Gewählten längst von tiefer Ratlosigkeit erfasst sind und vorwiegend vom Improvisieren leben. Dies ist wohl nicht die Zeit, um unbeirrt längere Linien zu verfolgen. Parteiprogramme, Koalitionsvereinbarungen und Regierungserklärungen werden mühsam ausgehandelt, sind aber bald darauf, weil die nächste Krise eingedämmt werden muss, nur noch geduldiges Papier.

Dieser Modus der Dauerkrise ist aber nur schwer auszuhalten, deshalb blühen derzeit die einfachen Antworten. Islamistische Gotteskrieger und völkische Nationalisten haben – was die Mobilisierbarkeit angeht – den Vorteil, allein auf die Wucht starker Gefühle setzen zu können. Ihr Hass macht ihnen Beine. Sie benötigen nicht das Argument, das seinem Charakter nach mäßigend wirkt. Dem Führungspersonal der AfD reichen 140 Twitter-Zeichen, um ihre tägliche Portion an Aggression und Häme abzuführen. Da ist es nicht leicht, dagegenzuhalten, zumal wenn so viel Ambivalenz in der eigenen Haltung steckt.

Deshalb wird momentan häufig beklagt, es fehle den demokratischen Kräften, auch den Anhängern der europäischen Idee, an einer Erzählung, vornehmer ausgedrückt: an einem Narrativ. Gesucht werden begabte Storyteller, die beim ermüdeten Publikum wieder Begeisterung für die Sache der Demokratie wecken sollen. Die der Verzagtheit ein Ende setzen, damit Wehrhaftigkeit nicht länger eine Angelegenheit allein der Sicherheitskräfte bleibt.

Manchmal denke ich, es könnte doch so einfach sein. Ich lese »Höllensturz«, das neue Buch des britischen Historikers Ian Kershaw über die blutige erste Hälfte des 20. Jahrhunderts, begreife ein weiteres Mal, wie schnell es gehen kann, dass sich der Hass wie ein Flächenbrand über einen ganzen Kontinent ausbreitet, erschrecke darüber, wie oft ich beim Lesen an das Europa von heute denke, und frage mich, wie es sein kann, dass die Wirkung dieser historischen Lektion offenkundig verblasst ist. Aber so einfach ist es wohl nicht, und ob man aus der Geschichte tatsächlich lernen kann, ist zweifelhaft. Es sind zu viele Sonntagsreden über gefallene Grenzen in Europa gehalten worden, die sich nicht mehr so einfach auf unsere Situation heute übertragen lassen. Denn als die Schlagbäume an der deutsch-französischen Grenze fielen, wussten wir noch nicht genug vom Spannungsverhältnis zwischen einem entgrenzten, globalen Kapitalismus und dem Raum der Demokratie, der notwendig begrenzt sein muss, um politisch gestaltbar zu sein.

Die Antwort auf Populismus darf nicht ihrerseits populistisch sein, folglich wird es die gewünschte einfache Erzählung für uns Demokratie-Retter vermutlich nicht geben. Aber warum nicht aus der Not eine Tugend machen und gerade unsere gebrochenen Gesinnungen als Chance begreifen? Wir sollten uns im »schwachen Denken« üben. Das ist ein Begriff des italienischen Philosophen Gianni Vattimo, der anfangs vielleicht merkwürdig klingt. Vattimo wollte mit ihm die Konsequenz daraus ziehen, dass die Zeit der großen Erzählungen vorbei ist. Fünfhundert Jahre nach Thomas Morus' »Utopia« mögen wir zwar noch den nostalgischen Wunsch nach einem großen utopischen Wurf haben, aber die Erfahrung des Zerschellens von großen Erzählungen ist für uns postmoderne Menschen die intensivere. Auch wenn sich die Prophezeiung vom Ende der Geschichte als falsch erwiesen hat: Das starke Denken gehört der Vergangenheit an. Wer will heute noch freiwillig Kommunist sein und vom neuen Menschen träumen? Die starken Denker von heute, die Identitären und Islamisten, sind ja gerade das Problem! Wer sein eigenes Denken als schwach begreift, weiß um die Vorläufigkeit der eigenen Position, ist bereit, den eigenen Standpunkt zu räumen, wenn sich eine andere Meinung als die tragfähigere herausgestellt hat. Zum schwachen Denken gehört bei Vattimo immer auch die Ironie, die werden wir als Haltung nicht mehr los. Und sie ist allemal sympathischer als der Fanatismus. Sie gibt uns die Kraft, uns nicht so wichtig zu nehmen. Die anderen natürlich auch nicht. Schwaches Denken sollte die gemeinsame Basis für intelligentes Problemlösen in der Demokratie von morgen sein, in der Partizipation ganz sicher eine größere Rolle spielen wird. Vielleicht werden wir schon bald Losverfahren anwenden, um Bürger auszuwählen, die in einer bestimmten lokalen Frage nach der klügsten Lösung suchen sollen. Solche demokratischen Experimente machen aber nur Sinn, wenn jeder am Tisch ein offenes Ohr für den anderen hat.

Wer sich im schwachen Denken übt, weiß auch um die eigene Verführbarkeit. Dass wir geneigt sind, immerzu Bestätigungen für die eigene Überzeugung zu suchen. Ständig verlangen wir nach Futter für die eigenen Vorurteile. Weniges ist so schwer wie das Ändern der eigenen Meinung. Jeder sollte sich daher in regelmäßigen Abständen die Kontrollfrage stellen, wann man zuletzt eine alte Überzeugung aufgegeben hat. Wem dann nichts einfällt und wer sich womöglich gar für seinen Meinungsstolz rühmt, hat die Tugend des schwachen Denkens nicht begriffen. Kürzlich gab es in einer Talkshow einen kurzen Moment, in dem diese Tugend aufschien, aber dummerweise sofort abgestraft wurde. Heribert Prantl von der *Süddeutschen Zeitung* räumte in einer Sendung über Sicherheitsfragen und den massiven Polizeieinsatz zu Silvester 2016 am Kölner Hauptbahnhof ein, dass er in dem einen Jahr seit den Übergriffen am selben Ort umgedacht habe, was die Tauglichkeit von Videoüberwachung im öffentlichen Raum angeht. Kameras verhinderten keine Straftaten, das sei nach wie vor seine Überzeugung, aber mithilfe von Videomaterial hätten mehr Straftäter nachträglich überführt werden können, so Prantls Argumentation, die vom Moderator mit der Bemerkung quittiert wurde, dies sei eine Rolle rückwärts. Dabei hatte Prantl sich doch nur von veränderten Realitäten beeinflussen lassen. So geht es einem, der das schwache Denken öffentlich einübt, er wird abgestraft. Unsere politische Kultur ist in dieser Hinsicht wirklich verbesserungsfähig, und vermutlich fängt man auch hier am besten im Kleinen an und tauscht sich darüber aus, wenn die Zweifel an der eigenen Haltung zunehmen oder der Meinungswechsel schon vollzogen ist. Man fühlt sich doch selbst hinterher unwohl, wenn man sich eingestehen muss, im passenden Moment die eigenen Gedanken verschwiegen zu haben, weil man Angst hatte, bei den anderen anzuecken.

Seit der Trump-Wahl wird intensiv über die Bedeutung von Blasen und Echokammern nachgedacht, über die Deformation der öffentlichen Sphäre. Die digitale Welt verstärkt auf verhängnisvolle Weise unsere Neigung, uns in unserem Weltbild ständig bestätigen zu lassen. Wer eine Zeitung liest, hat auch bislang schon nach eigener Präferenz entschieden, welcher Meinung er sich aussetzen will. Linksliberale greifen zur *SZ*, Konservative zur *FAZ*. Aber immerhin muss man in der analogen Welt mit Irritationen rechnen. Man stößt auf Artikel, die der eigenen Position widersprechen. In digitalen Netzwerken kann man sich dagegen einspinnen wie in einen Kokon und bekommt gar nicht mehr mit, dass es auch Gründe gibt, ganz anders zu denken, als man selbst es tut. Oder man lässt sich von anderen einspinnen, ohne es zu merken. Wenn es tatsächlich stimmt, wie nach der Trump-Wahl berichtet wurde, dass Algorithmen einen Menschen inzwischen psychologisch genauer entschlüsseln können als der eigene Lebenspartner und dies von Wahlkämpfern gezielt als unsere weiche Stelle ausgenutzt wird, dann ist es höchste Zeit für jeden von uns, sich ein Selbsterziehungsprogramm gegen die eigene geistige Trägheit aufzuerlegen. Schwaches Denken heißt auch, dass ich um meine Manipulierbarkeit weiß und daher immer bestrebt bin, die eigene Blase zu verlassen. Dass ich meine Skepsis nicht verliere, wenn mich Nachrichten von Gleichgesinnten erreichen, dass ich meine Neugierde auf das nicht verliere, was meinem Denken widerspricht. Die Demokratie hätte sich niemals entwickeln können ohne eine funktionierende Öffentlichkeit, in der debattiert und zivilisiert gestritten wird. Diese Öffentlichkeit ist zurzeit in ihrer Existenz bedroht. Durch Verrohung im Netz, durch diffamierende Lügenpresse-Vorwürfe, durch massenhaften Rückzug in die eigene Blase. In den Worten Kants: durch selbst verschuldete Unmündigkeit. Keine Ahnung, ob sich diese digitalen Echokammern jemals wieder sprengen lassen werden. Aber dies könnte ein Gegengift sein: Suche auch im wirklichen Leben häufig genug den Kontakt zu Menschen, die ganz anders sind als du.

Packe Probleme nicht in Watte

6.

Demokratie beginnt mit dem öffentlichen Gespräch. Sie benötigt Orte, an denen wir uns als Bürger begegnen und feststellen, welche Probleme besonders drängend sind und ob die Lösung im Konsens oder im Streit zu suchen ist. Wir müssen solche Orte in der eigenen Umgebung wieder schaffen, wir müssen eine Kultur des öffentlichen Gesprächs wieder neu begründen, weil sie arg verkümmert ist. Denn ich bin sicher, dass die derzeitige Krise der Demokratie wesentlich auf einer Kommunikationsstörung beruht. Viele fühlen sich von der etablierten Politik entweder nicht gehört oder missverstanden. Mit digitalen Mitteln wird sich diese Kommunikationsstörung nicht beheben lassen. Die Antwort auf die Demokratie-Krise muss analog sein! Das klingt anspruchsvoll, dabei kann jeder daran mitwirken. Wer das weitverbreitete Gefühl teilt, dass es Zeit wird zu reden, über die Zukunft der Demokratie, über Werte, die verteidigt werden müssen, über lokale Projekte, kann mit wenigen Gleichgesinnten solche Orte schaffen. Gern auch mithilfe digitalen Networkings. Wir haben längst eine Graswurzelbewegung im Land, die sich darum bemüht, öffentliche Foren einzurichten, weil es im Moment so viel zu besprechen gibt. Und wieder gilt: Wenige bewirken viel. Was mit der Idee von zwei oder drei Leuten beginnt, lockt vielleicht hundert andere vom Sofa, wird anderswo nachgeahmt und zieht anschließend weitere Kreise.

Unsere Städte sind durch die fortgeschrittene Segregation inzwischen von sozialen Grenzen durchzogen. Wer im wohlhabenden Essener Süden lebt, hat in der Regel nichts mit Menschen aus dem ärmeren Norden zu tun. Verschiedene kulturelle Milieus bilden ihre eigenen Konventionen und grenzen sich von anderen ab. Wir haben verlernt, in einer gemeinsamen Welt zu leben. Deshalb ist das öffentliche Sprechen so wichtig. Allerdings in klarer Sprache. Wir teilen unseren Alltag häufig nur noch mit Menschen, die uns ähnlich sind, und kriegen kaum etwas von denen mit, die ganz anders leben, denken und reden. Ein Spiegel dafür ist, wie mit Sprache Politik gemacht wird, die nur noch für Gleichgesinnte bestimmt ist. Sprache wird genutzt, um Trennlinien zu ziehen, sie wird zunehmend ideologisch aufgeladen. Populisten sind Meister des Sprachspiels, wenn sie einen Satz mit der Formulierung beginnen: »Man wird doch wohl noch sagen dürfen …«, dann weiß heute jeder halbwegs politisch Erfahrene, dass daraufhin eine weitere Enthemmung folgen wird, dass auf diese Weise das nächste Vorurteil salonfähig gemacht werden soll. Der Raum des Sagbaren wird Schritt für Schritt erweitert, dem Ressentiment wird Platz mitten in der Gesellschaft geschaffen. Wenn Frauke Petry zum ersten Mal mit Unschuldsmiene das Wort »völkisch« benutzt, als sei es niemals zentrale Vokabel der NS-Propaganda gewesen, regen sich noch viele auf. Beim zweiten Mal gilt es fast schon als normal. Man darf deshalb gespannt sein, was nach Höckes Wutrede zum Gedenken an den Holocaust kommt. Man könnte inzwischen Seiten mit Beispielen füllen, wie es der neuen Rechten gelungen ist, den Sprachraum des Politischen erfolgreich mit eigenen Begriffen zu besetzen.

Dieser Erfolg hat eine doppelte Vorgeschichte. Denn die Raumgewinne der Rechtspopulisten waren vor allem deshalb möglich, weil andere zuvor ein sprachliches Vakuum geschaffen haben. Es sollte über bestimmte Dinge möglichst nicht mehr geredet werden oder nur noch nach bestimmten Konventionen.

Die erste Vorgeschichte hat Angela Merkel zu verantworten. Mit der wiederholten Rede von der vermeintlichen »Alternativlosigkeit« ihrer Krisenpolitik hat sie den Eindruck erzeugt, dass sich der politische Wettbewerb um die besten Konzepte eigentlich erübrigt hat. Sie hat Technokratie an die Stelle von Politik gesetzt. Mit der fatalen Wirkung, dass nun tatsächlich viele Bürger davon überzeugt sind, die Unterschiede zwischen den Parteien seien marginal. Sie hat damit außerdem der AfD die Möglichkeit verschafft, das Wort Alternative als exklusives und hoch attraktives Label zu nutzen, das diese Partei von allen anderen unterscheidet. Dadurch war für die AfD der Weg frei, die gesamte politische Konkurrenz in einen Topf zu werfen und in ihrer Rhetorik als Kartell zu denunzieren. Es wird sehr schwer werden, diese populistische Konstruktion wieder aufzulösen: hier das Volk, dort das Establishment und die »Systemparteien«. Nach Merkels wiederholtem Lapsus sollten wir uns dies wieder neu vergegenwärtigen: In der Demokratie gibt es keine Situationen von Alternativlosigkeit. Sie ist existenziell auf das Grundvertrauen ihrer Bürger angewiesen, dass man die Probleme immer auch anders lösen kann. Man kann immer einen neuen Anfang machen. Diese Zuversicht ist die Bedingung jeden Engagements.

Die zweite Vorgeschichte für den heutigen Erfolg rechter Sprachpolitik hängt mit der Idee zusammen, dass man in seinem Sprachgebrauch alles vermeiden sollte, was auf mangelnde Anerkennung der Rechte von Minderheiten hindeuten könnte. Diese Idee hat inzwischen zu vielen problematischen Übertreibungen geführt, mitunter auch zu Verschleierungen von Realitäten, die unangenehm sind. Ein Beispiel war die Debatte nach den massenhaften Übergriffen von mehrheitlich nordafrikanischen Männern gegen Frauen zu Silvester 2015 in Köln. Ein Ereignis, das tatsächlich eine Zäsur darstellte, weil es ungeheuerlich und vollkommen unerwartet zugleich war. Der Schock sitzt bis heute tief. Es gab schließlich in unserem Land zuvor nichts Vergleichbares. Gleichwohl waren im anschließenden Streit Stimmen zu hören, deren wichtigstes Anliegen das Relativieren zu sein schien und die die Herkunft der Täter wie ein rohes Ei behandelten. Renate Künast von den Grünen beispielsweise beeilte sich, darauf hinzuweisen, dass es auch in deutschen Schlafzimmern sexuelle Gewalt gebe. Sie verschob damit ein konkretes Problem ins allgemein Menschliche, um ihm die Schärfe zu nehmen. Psychologisch ist eine solche Vermeidungsstrategie verständlich. Man schiebt unangenehme Dinge von sich weg, um seine eigene Überzeugung retten zu können. Die politische Wirkung dieser Abwehrstrategie war allerdings fatal. Denn nun stand ihr Lager unter dem Verdacht, bestimmte Fakten vertuschen zu wollen. Politische Glaubwürdigkeit besitzt dauerhaft aber nur, wer sich von veränderten Tatsachen beeinflussen lässt.

Eine ähnliche Erfahrung habe ich in der Flüchtlingsinitiative meines Kölner Stadtteils gemacht. Dort schien es uns nach einem Jahr an der Zeit, eine Zwischenbilanz der eigenen Arbeit zu ziehen. Zur Sprache kamen frustrierende

Erfahrungen mit Behörden, die mit ihren bürokratischen Prozeduren Menschen, die nichts lieber als eine Arbeit begonnen hätten, zum Nichtstun verdammten. Aber auch desillusionierende Erfahrungen mit nicht wenigen Flüchtlingen, die erkennbar kein Interesse an Integration hatten und in einzelnen Fällen sogar Straftaten begingen und wechselnde Identitäten annahmen. Außerdem gab es konkrete Hinweise, dass einige Flüchtlinge an den Ereignissen am Kölner Hauptbahnhof beteiligt waren. Am Ende eines längeren internen Diskussionsprozesses entstand ein Papier, das die existierenden Probleme offen benannte, freilich ohne den Kern des Engagements infrage zu stellen. Aus dem Gedanken heraus, dass nur durch Transparenz das Vertrauen der lokalen Öffentlichkeit in die Arbeit der Initiative gestärkt werden kann. Es ging darum, die Flüchtlingsarbeit effektiver und ehrlicher zu machen. Nach ausführlicher Berichterstattung in der Lokalpresse, die klugerweise auf reißerische Töne verzichtet hatte, hagelte es Kritik von politischen Aktivisten aus anderen Flüchtlingsinitiativen in der Stadt. Ihr Tenor: Solche Dinge gehörten nicht in die Öffentlichkeit, weil man damit demotiviere und nur der AfD nützlich sei.

Ich glaube, das Gegenteil ist richtig. Wer seine Augen vor unangenehmen Realitäten verschließt, macht nicht nur das eigene Engagement angreifbar und die Feinde der offenen Gesellschaft stark, die über »Gutmenschen« spotten. Er wirkt damit auf längere Sicht auch daran mit, dass aus einer großen, in der Geschichte der Bundesrepublik einzigartigen Bürgerbewegung ein linksalternativ-christliches Nischenprojekt wird. Wer dies tut, riskiert zudem den Verlust demokratischer Selbstachtung. Denn künftig wird es auch in der Welt der Willkommensinitiativen keinen Mangel an

Anlässen geben, über Werte zu streiten. Nicht wenige von denen, die gekommen sind, haben Mühe, historisch hart umkämpfte Freiheitsrechte zu akzeptieren: Frauenemanzipation, sexuelle Selbstbestimmung, Säkularismus. Wichtig ist also die Kombination Hilfe plus Haltung. Ein offenes Gemeinwesen lernt auch im Konflikt, Freiheiten, die vielleicht schon selbstverständlich schienen, auf neue Art wertzuschätzen und zu verteidigen. Ein entscheidender Moment in der Arbeit der Flüchtlingsinitiative in meinem Stadtteil war, als kurz nach den Silvesterübergriffen in einer Aussprache in großer Runde unter Beteiligung von Flüchtlingen deutlich gemacht wurde, dass jemand, der kriminell handelt, die Unterstützung der Helfer verliert.

Wer Probleme verschweigt, öffnet den Raum für rechte Sprachspiele. Noch schwieriger wird es, wenn man die Existenz von Problemen bestreitet. Kürzlich erschien ein »Wörterbuch des besorgten Bürgers«, mit dem die Autoren kritisch darauf aufmerksam machen wollen, dass zunehmend rechtes Vokabular in den allgemeinen Sprachgebrauch einsickert. In der Tendenz haben sie vollkommen recht, Petrys Adjektiv »völkisch« ist ja nur ein Beispiel von vielen. Aber auch hier schießen die Autoren mitunter übers Ziel hinaus. So wird zum Beispiel die Verwendung des Wortes »Flüchtlingskrise« kritisiert. Die gebe es nämlich nur emotional, aber nicht tatsächlich. Die Anzahl an Flüchtlingen, die Deutschland aufgenommen habe, sei im Vergleich zum Libanon ein Witz. Ein schiefer Vergleich, der häufig zu hören ist. Meist aus dem Mund von abstrakten Idealisten, die nicht allzu nah dran sind an den Problemen des Alltags. Da wären Besuche in Schulen, Integrationskursen und bei der Arbeitsagentur zu empfehlen. Der Vergleich lässt all die Anstrengungen außer Acht, die derzeit hierzulande unternommen werden, um aus Schutzsuchenden Bürger zu machen, die Teil dieser Gesellschaft sind. Anders als im Libanon reicht es hier eben nicht, Geflohene in Zelten unterzubringen und sie dann sich selbst zu überlassen. Insofern war und ist die Flüchtlingswelle (Achtung: wieder ein verbotenes Wort!) tatsächlich eine dramatische Ausnahmesituation, die in die Geschichte des Landes eingehen wird. Die Existenz einer Krise zu leugnen, heißt, all jene zu missachten, die Tag für Tag dicke Bretter bohren müssen, damit der Merkel-Satz »Wir schaffen das« nicht völlig freischwebend bleibt. Und vor allem ist es völlig unpolitisch. Ja, es gibt eine Flüchtlingskrise, und warum sollten wir sie, wenn sogar das Jahrhundertprojekt Europa an ihr zu scheitern droht, in Anführungsstriche setzen?

Die postmoderne Linke hat sich zwei Jahrzehnte lang mit großer Leidenschaft der Sprachpolitik gewidmet und darüber mitunter ihr Kernanliegen aus den Augen verloren: die soziale Frage. Sie hat Unterstriche und Sternchen in Substantive eingebaut, um eine gendergerechte Sprache zu erfinden. Ein reines Elitenprojekt. Manchmal findet man in der Zeitung eine ganze Seite darüber, wie in den Universitäten darum gerungen wird, die Gesellschaft über die Grammatik zu verändern. Nach Flüchtlingskrise, Brexit und Trump wirkt das wie ein Gruß aus der Welt von gestern.

Verabschiede dich von der Attitüde, eigentlich gegen diese Gesellschaft zu sein

7.

Ich bin Teil des Establishments. Wer dieses Buch liest, vermutlich auch. Denn acht von zehn Menschen in Deutschland geht es materiell ziemlich gut, auch wenn viele das nicht wahrhaben wollen und sich gern ärmer rechnen. Diese acht von zehn werden jetzt vermutlich einwenden, dass sich die Zugehörigkeit zum Establishment nicht allein daran bemessen lässt, was man im Portemonnaie hat. Wichtiger ist vielleicht sogar der Einfluss, den man auf andere hat. Ich gebe zu, dass ich in dieser Hinsicht privilegiert bin, weil ich in Radiosendungen und Büchern meine Meinung sagen kann. Aber ich glaube, dass sich viele von uns, auch was die Wirkung des eigenen Redens und Handelns angeht, ärmer rechnen, als sie faktisch sind. Hier ein Praxistest für den Alltag: Wer beklagt, man könne politisch doch sowieso nichts machen, wirkt sofort ansteckend auf andere. Umgekehrt gilt das Gleiche. Wer Geschichten des Gelingens erzählt, stiftet andere an. Mein Vorschlag also, bei dem Soziologen vermutlich die Nase rümpfen werden: Zum Establishment gehört jeder, der etwas zu verlieren hat von dem, was in dieser Gesellschaft in einer vorher nie gekannten Weise vorhanden ist: Freiheit, Sicherheit, Wohlstand.

Lange Zeit habe ich mich trotzdem gegen diese Einsicht, dazuzugehören, gesträubt. Seitdem ich politisch denken kann, habe ich diese Gesellschaft wie viele von uns von ihren Mängeln her gedeutet und halte auch weiterhin eine bessere und gerechtere nicht nur für erstrebenswert, sondern auch für möglich. Aber zwei Dinge haben sich in jüngster Zeit doch verändert. Erstens habe ich einen realistischeren Blick darauf gewonnen, welchen Platz ich in dieser Gesellschaft inzwischen faktisch einnehme, zweitens schaue ich nun eher darauf, was wir an unserer Gesellschaft im positiven Sinne bereits haben, was an ihr unbedingt zu verteidigen ist.

Angefangen hat es damit, dass sich nach Radiosendungen, die ich moderiert hatte, die hämischen Bemerkungen allmählich häuften. Mal hieß es in den Kommentarspalten, ich sei ein CIA-Agent, dann wurde behauptet, ich sei ein Freund der Juden (was nicht nett gemeint war) oder ein Mann Kiews. Dabei dachte ich doch bislang, ich sei im weitesten Sinne ein Linker, was auch immer dies heute im Konkreten bedeuten mag. Ich bin keine Hassfigur der Trolle, deshalb gingen die Herabwürdigungen nicht so sehr ins Persönliche hinein wie bei anderen. Aber befremdet war ich schon.

Viel ernster nehme ich, dass ich von einer Minderheit, die sich inzwischen lautstark artikuliert, offenkundig als Teil eines Systems betrachtet werde. Das heißt nämlich, dass das, was ich öffentlich sage, immer zugleich als Herrschaftstechnik gedeutet wird. Ich rede nicht allein für mich, sondern im Auftrag einer Macht. So muss ich die zahlreicher werdenden verschwörungstheoretischen Einwürfe verstehen. Oft schwingt auch mit, ich wisse viel mehr, als ich sage. Ich sei im Besitz von Informationen, die anderen bewusst vorenthalten würden. Das alles ist natürlich kompletter Unfug. Aber es hilft nichts, dies immer wieder zu beteuern, das Ressentiment wird dadurch nicht zum Verschwinden gebracht.

Irgendwann war ich an dem Punkt, mich zu fragen, ob ich nicht Anlass habe, mein Selbstbild zu überprüfen, wenn sich doch das Fremdbild so eklatant davon unterscheidet. Ich habe versucht, diese vollkommen verzerrte Wahrnehmung von außen produktiv zu nutzen. Wenn andere in mir den Repräsentanten einer prägenden Schicht sehen, die den Kurs des Landes mitbestimmt, wie passt das dann zu meinem Gestus, eigentlich gegen diese Gesellschaft zu sein, und das schon ein Leben lang?

Im Nachhinein muss ich den Verschwörungstheoretikern und rechten Fanatikern fast dankbar sein, dass sie mir geholfen haben, diese kognitive Dissonanz zu erkennen. Denn es stimmt ja, dass es mir nicht nur materiell geradezu unverschämt gut geht, sondern dass ich auch gesellschaftlich unverhofft auf der Gewinner-Seite gelandet bin. Diese Tatsache teile ich mit vielen anderen, die sich bis heute als Dissidenten begreifen. Gemeinsam sind wir – das Establishment. Und stehen aus genau diesem Grund, und eigentlich völlig zu Recht, unter kritischer Beobachtung. Wenn es bei uns einen Unterschied zwischen Reden und Handeln gibt, dann wird das sehr genau registriert. Zum Beispiel die Häufigkeit von Kurzurlauben mit dem Flieger, wo wir doch zu Hause bio einkaufen und von Politikern mehr Engagement beim Klimaschutz fordern. Manche unter uns sind auch bereit, für ihre Kinder eine Privat-Uni zu bezahlen, um deren Lebenschancen zu verbessern. In diesem wohlhabenden Land, das viele Gewinner hat, ist inzwischen vieles möglich, was noch eine Generation zuvor für die allermeisten undenkbar war. Aber eben doch nicht für alle.

Ich glaube, dass dies der Kern der Aversion gegen den Moralismus ist, an dem wir postmodernen Linken immer wieder zu scheitern drohen. Es ist die alte Geschichte vom Weintrinker, der Wasser predigt. Der fühlt sich ungerecht behandelt, weil er eine Wahl verliert, nur weil er einen Veggie-Day gefordert hat. Für sich genommen war diese Idee natürlich vollkommen harmlos, symbolisch aber steht sie bis heute für etwas viel Größeres: für die Gefahr, dass den Bewohnern der Gewinnerseite die Nöte der Verlierer aus dem Blick geraten. Deshalb wunderte sich auch die neue Berliner Linkskoalition darüber, dass sie dafür kritisiert wurde, als erste Amtshandlung die Einrichtung von Unisex-Toiletten für Transsexuelle vorangetrieben zu haben.

Derzeit wird intensiv »Rückkehr nach Reims« gelesen, das Buch des französischen Soziologen Didier Eribon. Darin beschreibt er, wie viel der Aufstieg des Front National damit zu tun hat, dass die Linke lange Zeit mehr mit Identitätspolitik beschäftigt war als mit den harten sozialen Problemen des Alltags. Zugespitzt formuliert und auf deutsche Verhältnisse bezogen: mehr mit Christopher Street Day und Gendergap als mit den langweilig gewordenen linken Klassikern: gerechte Löhne, bezahlbarer Wohnraum, sichere Jobs, Aufstieg durch Bildung. Eribon beschreibt auch sehr persönlich, wie er sich von der Lebenswelt seiner Eltern entfernt hat durch einen bewusst vollzogenen Bruch. Seine akademische Boheme-Existenz hatte nichts mehr mit dem Arbeitermilieu zu Hause in Reims zu tun. Auch seine Sprache war nun eine andere, seine Eltern hätten ihn vermutlich gar nicht verstanden, wenn er mit ihnen geredet hätte. Hat er aber nicht mehr.

Dieses Buch hat mich deshalb so angerührt, weil ich darin manches aus der eigenen Biografie wiederentdeckt habe.

Ich gehöre zu den letzten Babyboomern. Vielen von uns ist der gesellschaftliche Aufstieg gelungen, weil wir das Glück hatten, in eine Zeit des Bildungsoptimismus hineingeboren worden zu sein. Die Gesellschaft war flüssiger als heute. Uns hat keiner gesagt, wie es heute leider oft der Fall ist, dass das Gymnasium für uns keine gute Idee sei, weil die Eltern nicht bei den Hausaufgaben helfen können. Unvergesslich für mich der Satz meines Vaters, den er jahrelang immer wiederholt hat: Du musst das alleine schaffen, wir können dir nicht dabei helfen. Der Satz war Ausdruck seiner Angst, mich scheitern zu sehen. Ihm war nicht geheuer, dass es plötzlich ganz andere Lebenschancen geben sollte. Im Nachhinein würde ich sagen, dass wir Babyboomer es ziemlich leicht hatten, den Aufstieg durch Bildung zu bewältigen. Weil wir nämlich doch nicht allein auf uns gestellt waren, sondern getragen wurden vom Ethos vieler Lehrer, genau diesen Weg möglich zu machen. Der Zeitgeist war auf unserer Seite. Wir fühlten uns gewollt.

Trotzdem gibt es bis heute tief in mir drin das verunsichernde Gefühl, eigentlich nicht dazuzugehören. Ich weiß, dass ich es mit vielen teile. Vielleicht ist dies der Grund, warum es für viele so schwer ist, realistisch zu sehen, dass man Teil des Establishments geworden ist. Der zweite Grund ist politisch handfester und betrifft nicht nur uns Aufsteigerkinder: Ziele, die erreicht sind, werden schon bald zu Selbstverständlichkeiten, um die man meint sich nicht mehr bemühen zu müssen. Die politische Lethargie der vergangenen Jahre rührt auch daher, dass entscheidende Kämpfe schon gewonnen worden sind. Dieses Land ist längst nicht mehr so stickig, wie es mal war, bevor linke Reformer zum langen Marsch durch die Institutionen angetreten sind. Es ist aber leichter, für etwas Neues zu kämpfen, als Errungenschaften zu verteidigen. Ob es uns gefällt oder nicht: Dies ist nicht die Stunde, um auf Angriff zu spielen, jetzt muss erst mal die Abwehr gestärkt werden. Das gelingt aber nur, wenn man sich wirklich als Teil dieser Gesellschaft empfindet.

Realistisch zu sehen, wo der eigene Platz in der Gesellschaft ist, sollte also auch heißen, ein Gefühl für die eigene Verantwortung zu entwickeln. Wir Babyboomer hätten allen Anlass, etwas von dem zurückzugeben, was wir mal bekommen haben. Und da ist unsere Generationenbilanz bislang ziemlich mau. Von denen, die heute zwischen 35 und 50 sind und eigentlich längst politisch prägend für dieses Land sein müssten, ganz zu schweigen. Wir haben lange Zeit bequem auf der Tribüne gesessen und daran mitgewirkt, dass aus unserer Demokratie eine Talkshow-Demokratie geworden ist. Wir haben uns nicht nur bieten lassen, dass Politik auf diese Weise zu einer Form der Unterhaltung verkümmerte. Wir haben uns sogar daran vergnügt und diejenigen verachtet, die bereit waren, in diese Arenen zu ziehen. Aber jetzt, wo sich endlich quer durch die Gesellschaft ein Gefühl dafür einstellt, wie gefährdet Demokratie als Lebensform ist, weil der Wind von rechts rauer wird und weil sie ihrem Wesen nach sowieso prekär und unfertig ist, merken wir, was wir an ihr haben. Denn bei allem, was an dieser Gesellschaft zu kritisieren ist: Eine bessere gab es historisch noch nicht.

Und was ist mit dem wirklichen Establishment, mit den oberen ein oder zwei Prozent, deren Vermögen in der Ära des Neoliberalismus explodiert ist? Die nicht selten der Politik ihre Bedingungen diktiert haben, weil die Globalisierung auch eine Machtverschiebung zugunsten der Reichen bewirkt hat. Ich fürchte, es wird vergeblich sein, mit ihnen über Verantwortung für das Gemeinwesen reden zu wollen. Das hat schon nach der Finanzkrise nicht funktioniert, als alle ethischen Diskurse über den Kasino-Kapitalismus mit seiner Boni-Kultur leider ohne diejenigen geführt werden mussten, die ihn verkörpert hatten. Sie waren verstummt. Und taten bald darauf so, als sei nichts gewesen. Wir haben eine Oberschicht im Land, die mehrheitlich im Nirgendwo lebt. Auf sie werden wir nicht zählen können bei dem, was jetzt zu tun ist.

Warte nicht auf den großen Wurf

8.

Nur noch Utopien sind realistisch. Ein Satz des Sozialphilosophen Oskar Negt, der mir sympathisch ist und den ich dennoch mit einem Fragezeichen versehen möchte. Negt beharrt gegen den depressiven Zeitgeist darauf, dass es wichtig ist, den Möglichkeitssinn zu pflegen, wie er das nennt. Also die Überzeugung, dass die herrschenden Verhältnisse nicht das letzte Wort sind.

Dieser Möglichkeitssinn ist allerdings arg verkümmert, uns fehlt beinahe völlig das Vermögen, über das Bestehende hinaus zu denken. Sicherlich ein wichtiger Grund für die politische Apathie der vergangenen Jahrzehnte. Wir hatten uns bereits, bevor der aktuelle Krisenreigen vor zehn Jahren mit dem New Yorker Bankencrash begann, in diesem Zustand eingerichtet, dass uns partout keine gerechtere Gesellschaft mehr realisierbar schien. Und sind mehrheitlich sogar ganz gut damit klargekommen. Vermutlich weil als einzige Utopie stillschweigend übrig geblieben war, dass wir uns die schlimmsten Krisen dieser Welt würden vom Hals halten können. Es war eine schlechte Utopie, die den Namen eigentlich gar nicht verdient. Sie handelte vom Leben auf der Insel des Wohlstands, die kein Morgen kennt. Denn wenn alle auf diesem Globus so leben würden wie wir, wäre der Kollaps sicher. Es war der neoliberale Wunschtraum, dass Globalisierung als Einbahnstraße funktioniert. Wir und unsere Waren dürfen überall hin, aber die Festung Europa hält die Grenzen nach drinnen dicht. Das hat sich als Illusion erwiesen. Und nun leben wir mit dem unangenehmen Gefühl, dass es jeden Tag politisch noch ein bisschen schlimmer wird.

Diese depressive Stimmung ist ein echtes Hindernis. Denn seit der Französischen Revolution hat es noch keine erfolgreiche soziale Bewegung gegeben, die ohne einen Schuss Utopie ausgekommen wäre. Ohne das Prinzip Hoffnung wird es schwierig. Man sieht das derzeit an den amerikanischen Demokraten, deren einziger gemeinsamer Nenner, dass sie Trump nicht wollen, offenkundig nicht ausreicht.

Aber Utopien, die wirklich überzeugend sind, wachsen nicht auf Bäumen, und von dem Problem, dass wir derzeit über keine große Erzählung verfügen, war bereits die Rede. Vorerst muss es also eine Nummer kleiner gehen. Wir werden all unsere Energie dafür benötigen, die existierenden Freiheiten zu verteidigen. Utopien müssen realistisch sein, keine Luftschlösser, das ist auch Oskar Negt wichtig.

Es gibt aber nicht wenige unter uns, die nicht bereit sind, kleinere Brötchen zu backen. Sie warten auf den großen Wurf, inzwischen schon ziemlich lange. Sie verachten die kleinen Trippelschritte. Nicht wenige hoffen auf eine Art neuen Marx, der nicht nur eine umfassende Theorie des globalen Kapitalismus liefern soll, sondern gleich auch noch die passende Praxis dazu. Wem es auf welche Weise gelingen wird, den Kapitalismus abzuschaffen. Und was danach kommt. Wenn Großdenker wie Slavoj Žižek oder

Alain Badiou vom Kommunismus erzählen, von den kommenden Aufständen, ja sogar von der Diktatur des Proletariats, dann sind die Säle gut gefüllt. Wenigstens der Salonkommunismus funktioniert. Dort wird das Bild von einer radikalen Linken gemalt, die nur als Phantom existiert, deren Wiederkehr auch gar nicht wünschenswert ist. Denn glaubt wirklich noch oder wieder jemand daran, dass Revolutionen den großen Sprung nach vorn bringen werden? Die haben im 20. Jahrhundert eine dicke Blutspur hinterlassen. Im kommunistischen Salon wiederholt sich die Geschichte als Farce, hätte Marx vermutlich kommentiert.

Zwei Dinge passen definitiv nicht zusammen: Einerseits wissen wir, dass unsere moderne Welt immer komplexer geworden ist. Aus dieser Überkomplexität resultiert das Gefühl fehlender Selbstwirksamkeit. Was ich nicht durchschaue, kann ich auch nicht beeinflussen. Darauf mit der Sehnsucht zu reagieren, dass ein kommender Meisterdenker mit seiner Theorie diese Welt aus den Angeln heben wird, ist einigermaßen seltsam. Oder auch allzu menschlich, denn wir müssen ja, um an dieser Welt nicht irre zu werden, Komplexität reduzieren, die Dinge einfacher denken, als sie sind. Auch die Rechtspopulisten tun nichts anderes.

Womöglich mag manchen dies als zu kleines Karo erscheinen, aber die Antwort auf die Krise der Demokratie kann nur sein: mehr Demokratie. Ihr größtes Defizit hat sie momentan darin, dass zu viele den Eindruck haben, dass es auf sie nicht ankommt. Also wenn schon Revolution, dann Beteiligungsrevolution. Wir müssen die politische Mitgestaltung dieser Gesellschaft als *unser* Projekt betrachten. Der Anfang dazu ist längst gemacht, nur fehlt bislang der zweite Schritt. Nämlich die politische Konsequenz aus der riesigen Bürgerbewegung zu ziehen, die im Jahr 2015 quer durch alle Schichten entstanden ist und die ihr Thema in der Hilfe für Flüchtlinge gefunden hat. Wie gesagt, es hätte auch ein anderes Thema sein können, entscheidend ist der breit vorhandene Impuls, nach Jahren der Agonie am Gelingen des Gemeinwesens wieder mitwirken zu wollen.

Wenn man herumfragt unter Aktiven, bekommt man immer wieder zu hören, dass es ihnen im Kern um den Zusammenhalt der Gesellschaft geht. Weil es ein verbreitetes Gespür dafür gibt, wie gefährdet dieser Zusammenhalt ist. In sehr kurzer Zeit haben sehr viele Menschen autodidaktisch politische Kenntnisse erworben. Sie wissen jetzt etwas darüber, wie Ausländerbehörden, Jobcenter und andere lokale Verwaltungen funktionieren, sie haben Erfahrungen gesammelt, wie man sich mit Gleichgesinnten vernetzt, und wie schwierig es ist, eine soziale Bewegung durch Krisen zu tragen. Sie haben ihre eigenen Talente entdeckt. Nutzen wir doch dieses wertvolle Know-how und transferieren es auch in andere politische Bereiche! Die Arbeit in den zahllosen Willkommensinitiativen war und ist konkrete Utopie. Sie handelt davon, wie man sich die Welt zum Dorf macht. Sie könnte für viele der Startschuss für eine politische Biografie werden. Denn noch bei jeder Generation, die sich in der Geschichte der Bundesrepublik engagiert hat, stand am Anfang ein kollektives politisches Initiationserlebnis: die Wiederbewaffnung, die Schüsse auf Benno Ohnesorg, der NATO-Doppelbeschluss, Gorbatschows Perestroika.

Aber danach sieht es momentan leider noch nicht aus. Keine Partei hat bislang einen ernsthaften Versuch unternommen, diesen Impuls als Chance für die eigene Wiederbelebung aufzugreifen. Für eine Wiederbelebung, die sowieso längst überfällig wäre. Kein Parteivorstand hat einladend gerufen: Kommt massenhaft und mischt unseren Laden auf! Das könnte ja auch die bislang existierenden internen Machtstrukturen gefährden. Es hat gewiss nicht an warmen Worten und Respekt für die Helfer gefehlt, aber in den Dankesreden schwang fast immer mit, dass man die Engagierten so sah wie Nothelfer in Gummistiefeln bei einer Hochwasserkatastrophe. Und nicht als Citoyens, die politisch handeln.

In meinem Stadtteil habe ich mehrere große Bürgerversammlungen miterlebt, die mir gezeigt haben, wie sehr die etablierte Politik mit dieser neuen Form des Bürgerengagements fremdelt. Gewählte Mandatsträger quer durch alle Parteien saßen mit im Saal, der jedes Mal so gut besucht war, wie es allen Parteien zusammen nicht gelingen würde, aber alle haben bloß zugeschaut und geschwiegen. Bei der ersten Zusammenkunft hielt ich das noch für vornehme Zurückhaltung, weil keiner sich als politisch vereinnahmend zeigen wollte. Beim zweiten Mal fing ich an, mich über diese Sprachlosigkeit zu wundern. Habt ihr wirklich nichts dazu zu sagen, wie ein Stadtteil sozialen Zusammenhalt organisiert? Nach der dritten Runde Schweigen war mir klar, dass dies Ausdruck tiefer Verunsicherung ist. Die Parteienvertreter mussten zusehen, wie viel inzwischen auch ohne sie möglich ist. Sie haben gestaunt und waren vermutlich auch ein bisschen neidisch, dass ihre eigene Fähigkeit, Menschen zu mobilisieren, mit diesem neuen Geist der Partizipation nicht mehr mithalten kann. Das muss niemanden freuen, Häme gegenüber demokratischen Parteien verbietet sich gerade im Moment, wo wir so sehr auf ihre Standfestigkeit angewiesen sind.

Aber mehr Demokratie wagen heißt heute, ein kluges

Miteinander zwischen repräsentativer Politik und Bürgerengagement von unten zu organisieren. Dazu müssen sich aber nicht nur Politiker ändern, sondern wir alle.

Wehre dich, wenn von »den« Politikern die Rede ist

9.

Deutschland ist das Land, in dem dieses Jahr ein geistig Behinderter im Bundestag gesprochen hat. Dass man ihn zum Holocaust-Gedenktag ans Pult gebeten hat, ist ein eindrucksvoller Beleg für die Reife unserer politischen Kultur. Eine überraschende, sehr bewegende Geste und genau die richtige Antwort nach dem geschichtspolitischen Amoklauf von Björn Höcke. Es gibt tatsächlich diese Momente – und wir sollten uns das eingestehen –, in denen das Wort »Stolz« in Bezug aufs eigene Land passt, obwohl viele lange Zeit alles versucht haben, um diese fünf Buchstaben zu vermeiden. Uns waren ja schon Fahnen beim Fußball-Länderspiel verdächtig. Es gab historisch gute Gründe für diese Verklemmtheit, aber von der jungen Generation wird sie nicht mehr verstanden. Der ist es peinlich, wenn sie beim Auslandsjahr feststellt, dass alle Gleichaltrigen aus anderen Ländern fröhlich ihre Nationalhymne singen, sie selbst aber den Text der eigenen nicht können. Natürlich schreibe ich dies nicht, um für das Auswendiglernen der Nationalhymne zu plädieren oder gar für mehr Patriotismus. Vielmehr will ich darauf hinweisen, dass nach dem totalen moralischen Zusammenbruch der NS-Zeit manche Dinge in diesem Land doch ganz gut gelungen sind, sodass Jüngere sich aus gutem Grund mit ihm identifizieren und inzwischen ein lässigeres, spielerisches Verhältnis zur eigenen Nationalität pflegen können: Deutschland, Deutschland unter anderem.

Wir haben, was die demokratische Kultur angeht, viel zu verlieren, um das lange gekämpft werden musste. Folglich verbietet es sich, vom eigenen Land so zu sprechen, als sei es eine Bananenrepublik, die permanent von Skandalen geschüttelt wird. Offenbar ist vielen das Bewusstsein dafür abhandengekommen, welch hoher Wert darin besteht, in einem intakten Rechtsstaat zu leben. Anders als in den meisten Ländern der Welt ist es bei uns nicht üblich, Beamte zu bestechen, um sein Anliegen durchsetzen zu können. Auch in den Deutschen Bundestag werden höchst selten Koffer mit Bargeld getragen. Schüler kehren von dem besagten Auslandsjahr in aller Regel mit einem geschärften Bewusstsein dafür zurück, welche Freiheiten für sie hier selbstverständlich sind. Wer sein Kind schlägt, blamiert sich. Zahllos die Beispiele, die für die Liberalität und auch den Charme unseres Landes stehen. Dieses Deutschland, das AfDler »versifft« nennen, wirkt heute anziehend auf Zehntausende junger Israelis. Wer hätte davon mal zu träumen gewagt? Warum also diese grassierende Politikverachtung, die eine traurige Tatsache ist und zudem hoch gefährlich? Die so tut, als hätten all diese zivilisatorischen Errungenschaften überhaupt nichts mit denen zu tun, die man verächtlich »Angehörige der politischen Klasse« nennt? Die man im Gegenteil sehr bequem für alle Defizite verantwortlich macht.

Es hatte sich schon länger eine Tonlage des Dauernörgelns in viele Gespräche über Politik eingeschlichen, bevor die verbale Aggression vor allem in den sozialen Netzwerken in jüngster Zeit eskaliert ist. Noch bevor die Figur des Wutbürgers die Bühne betreten hatte, galten Wahlen bei vielen nur noch als lästige Pflicht. Mehr als das kleinste Übel schien dort nicht im Angebot zu sein. Das war der Anfang einer schleichenden Vertrauenskrise, die gewiss nicht allein auf das Konto glatt geschliffener, PR-geschulter Politiker geht, die in Wahlkämpfen nur zweitrangige Themen anboten, sondern zu einem gehörigen Maß auch von uns Bürgern verursacht wurde, die wir es uns in der Zuschauerdemokratie auf der Couch gemütlich gemacht hatten. In ruhigeren Zeiten mag der Luxus politischer Abstinenz gefahrlos möglich sein. Aber eine Demokratie ohne Demokraten funktioniert auf die Dauer bekanntlich nicht. Wenn wir uns nur noch als Konsumenten verstehen und nicht mehr als Citoyens, untergraben wir mit dieser Haltung unwillentlich die Substanz der Demokratie. Verantwortung wird komplett delegiert, sodass alle Macht den Profis gehört.

In der Folge wurde die Kluft immer tiefer. Parteien verwandelten ihren Charakter: hin zu Agenturen, deren Hauptaufgabe in der Rekrutierung von politischem Personal und der Organisation professioneller Kampagnen besteht, weg von der alten Idee, zentraler Ort von Versammlungsdemokratie zu sein mit Mitgliedern, die dies ehrenamtlich tun und möglichst breit gesellschaftlich verankert sind. Politik schien nun allein Angelegenheit von »den« Politikern zu sein, über deren Unfähigkeit man sich am Freitagabend in der *Heute-Show* kaputtlachen darf.

Doch plötzlich wurde aus Spaß Ernst. Wer sich wählen lässt, muss jetzt nicht mehr nur mit harter Kritik leben lernen, wie es sich in einer Demokratie gehört, sondern auch mit Hass, Häme und immer häufiger auch mit Gewaltandrohungen. Jedem Spitzenpolitiker dürfte die Frage vertraut sein, warum man sich das freiwillig antut. Was das Sozialprestige angeht, rangieren Abgeordnete sowieso ziemlich weit unten. Ihre Diäten gelten als unverschämt hoch, ihr Gemeinsinn als unterentwickelt. Weit verbreitet die Sicht auf die Politik als vermeintlich schmutziges Geschäft, das nur die zweifelhaften Charaktere anzieht. Schöner Nebeneffekt dieser Sichtweise: Man sitzt selbst moralisch auf dem hohen Ross, wenn man sich aus der Politik heraushält. Armselig das Land, in dem Jüngere gar nicht mehr auf die Idee kommen, sich politisch zu engagieren. Unglücklich das Land, in dem die Begabtesten eines Jahrgangs lieber Investment-Banker oder Game-Entwickler werden, als sich für das Gemeinwesen zu engagieren.

Wir sollten uns alle klarmachen: Wenn wir Klagen anstimmen über »die« Politiker, haben wir die halbe Strecke auf dem Weg ins populistische Denken schon geschafft. Dann verzichten wir auf Differenzierungen, genauso wie die AfD, die nur noch »Altparteien« kennt. Ein Kampfbegriff übrigens, den bereits Joseph Goebbels benutzt hat. Es ist ganz simpel: So wie es gute und schlechte, fleißige und faule, mutige und feige Journalisten oder Ärzte gibt, gibt es sie auch unter Berufspolitikern. Und es war noch gar nicht von den vielen Tausend Kommunalpolitikern die Rede, die für bescheidene Aufwandsentschädigungen ihre Freizeit opfern und, doppelt ungerecht, von der gleichen Geringschätzung ihres Engagements betroffen sind. Die fälligen Differenzierungen vorzunehmen, ist ganz banal Aufgabe von uns Bürgern.

Das setzt freilich ein bestimmtes Maß an Urteilskraft voraus. Was jeder Einzelne für sich leisten muss, habe ich in Regel 5 beschrieben: Jeder sollte sich selbst darin trainieren, das eigene Denken nicht in einer Meinungsblase verkümmern zu lassen. Aber auch die Gesellschaft insgesamt muss aufpassen, dass die Grundlagen für eine seriöse Meinungsbildung nicht weiter erodieren. Man tut der derzeitigen Schülergeneration gewiss kein Unrecht, wenn man das Niveau ihrer politischen Bildung sehr bescheiden nennt. Zeitungen werden kaum noch gelesen, öffentlich-rechtliche Programme mit Ausnahme von Pop-Sendern kaum noch gehört und geschaut. Die digitalen Informationskanäle der Generation Abi sind nicht selten dubios, mündige Quellenkritik kann man bei ihr nicht voraussetzen. Jetzt beginnt sich der bildungspolitische Paradigmenwechsel im Zuge der PISA-Panik zu rächen. Die gesellschaftswissenschaftlichen Fächer sind gnadenlos gestutzt worden, als Bildung gilt nur noch, was sich testen und messen lässt. Und die Schüler und ihre Lehrer lassen es sich leider bieten, dass Bildungsbiografien zunehmend stromlinienförmig gestaltet werden. Wir brauchen aber Schulen der Demokratie, in denen Schüler früh lernen, zwischen Meinen und Wissen zu unterscheiden. Dass es nicht genügt, eine starke Meinung zu haben, sondern dass man sie auch argumentativ begründen muss. In denen sie Bekanntschaft damit machen, dass es unterschiedliche Positionen zu Freiheit, Gleichheit und Gerechtigkeit gibt und dass man lernen muss, abweichende Meinungen auszuhalten. Deutschland könnte von Brasilien lernen. Dort hat man vor einigen Jahren Philosophie zum Pflichtfach gemacht. Weil das Fach notwendig sei für die Ausübung der bürgerlichen Rechte. Philosophie für alle – eine schöne, konkrete Utopie.

Verbinde Gelassenheit mit Leidenschaft

10.

Wie kann ich aufmerksam bleiben für das, was derzeit in der Welt geschieht, ohne an ihr irre zu werden? Wie mich in Bewegung setzen, ohne beim ersten Windhauch gleich wieder aufzugeben? Es ist ja ein Kunststück, nicht in den Strudel der Angst hineinzugeraten, der schon so viele erfasst hat. Wir waren lange vertraut damit, ein Leben in Sicherheit zu führen, da fällt die mentale Umstellung auf Krisenmodus verständlicherweise schwer. Gerade bei politisch denkenden Menschen mehren sich die Momente purer Verzweiflung. Eingangs war bereits davon die Rede, dass wir lernen müssen, mit Paradoxien umzugehen: den Ernst der Lage begreifen und trotzdem cool bleiben. Wissen, dass man als Einzelner wenig machen kann, aber dennoch vieles probieren. Anderen Mut machen, obwohl man selbst gerade schwarzsieht. Probleme nicht beschwichtigen, aber auch nicht Alarmist sein. Sonst wird man ja selbst zum Angst-Verstärker.

Wenn es stimmt, dass die starken Gesinnungen derzeit das Problem sind und ein Ausweg nur im schwachen Denken zu suchen ist, dann wird es in nächster Zeit auf die Haltung ankommen. Unser Körper weiß, was zu tun ist, wenn wir uns nicht einschüchtern lassen wollen, und in der Sprache drücken wir es aus: Rückgrat zeigen, den aufrechten Gang üben. Wer dies tut, verlässt seine innere Burg und gibt anderen ein Zeichen. Ich bin bereit, diese Welt nicht nur irgendwie zu ertragen, sondern aktiv mitzugestalten. Wenn wir Haltung annehmen, wenden wir uns zum Du und machen die Dinge nicht mehr alleine mit uns aus. Wer Haltung zeigt, verwandelt Angst in Furcht. Allein diese beiden Gefühlszustände auseinanderzuhalten, könnte schon helfen. Die Angst ist diffus, sie sieht überall Gefahren lauern, weiß aber nicht genau, wo. Angst ist eine Erfahrung von Ohnmacht. Immer ist mit dem Schlimmsten zu rechnen, nirgendwo tut sich ein Ausweg auf. Die Furcht dagegen ist begründet, sie richtet sich auf Gefahren, die konkret benannt werden können. Furcht ist rational: Wer sich fürchtet, kennt das Problem und kann es bearbeiten. Die Angst verleitet uns dagegen, irrational zu handeln. Angst ist deshalb der kostbarste Rohstoff für Demagogen. Verschwörungstheoretiker sind von Ängsten zerfressen.

Bleibt die Frage, was die Bilder aus der Körpersprache mit Politik zu tun haben sollen, was daraus praktisch folgt: Plakate malen, Demos organisieren, Leserbriefe schreiben, auf Hass im Netz reagieren, sich im Stadtteil vernetzen, Demokratie-Gesprächskreise gründen, einer Partei beitreten? Was davon individuell das Richtige ist, hat nicht zuletzt mit dem eigenen Temperament zu tun. Parteien sind zum Beispiel in ihrer derzeitigen Verfassung nur etwas für politische Marathonläufer, die viel Ausdauer mitbringen, Initiativen der Zivilgesellschaft können dagegen auch Mitstreiter für kürzere Zeit gebrauchen. Wer sich um die Schwachen in der eigenen Umgebung kümmert, handelt schließlich genauso politisch wie ein Stadtrat in der Haushaltsberatung. Trotzdem freue ich mich über jeden, der in diesen Tagen den Entschluss fällt, einer demokratischen Partei beizutreten, auch dann, wenn die Partei meiner persönlichen Präferenz nicht entspricht. Wenn dies die Stunde der Zerstörer ist, und in den USA schon erklärte Staatsfeinde Regierungsberater werden, dann benötigen wir Stabilität in beiden Säulen: in den Institutionen und in der Zivilgesellschaft. Beide sind aufeinander angewiesen.

Nur der Blick auf die eigenen Talente gibt die passende Antwort auf die Frage, wo der richtige Platz zu finden ist. Ich bin mir aber sicher, dass jeder persönlichen Entscheidung, worin genau der eigene Beitrag zur Rettung der Demokratie besteht, die Haltungsfrage vorausgeht. Es ist ein bewusster Akt, nicht länger zusammengesackt dazusitzen, sondern die Wirbelsäule durchzudrücken. Und dieser Akt besitzt in der Regel ansteckende Wirkung. Wenn einer am Tisch es tut, ziehen die anderen nach. Wenn einer gelangweilt gähnt, allerdings auch. Wir schauen aufeinander, wir beeinflussen uns gegenseitig. Das merkt man besonders in heiklen Situationen, in denen es darauf ankommt, nicht stumm zu sein, sondern zu handeln. Wenn ein Mensch in der Straßenbahn einen anderen bedroht, kommt es auf den ersten Zeugen an, der sich einmischt. Der die eigene Furcht in praktisches Handeln ummünzt und durch sein Beispiel andere mitzieht. Genauso ist es in der Schule, am Arbeitsplatz oder in der Familie, wenn einer rechte Sprüche klopft. Man beschämt sich selbst, wenn man erst hinterher feststellt, nicht angemessen reagiert zu haben. Und genauso würden wir uns selbst beschämen, wenn wir das, was in nächster Zeit auf uns zukommt, nur noch passiv ertragen.

Es wird im Alltag an Gelegenheiten, Haltung zu zeigen, nicht mangeln. Vielleicht hilft uns das, neu zu begreifen, was wir zwischenzeitlich fast vergessen hatten: dass es um die Verteidigung einer Lebensform geht, nicht bloß darum, wer uns wie regiert. Zu diesem bewussten Akt gehört auch, sich einzugestehen, dass die ruhigen Zeiten, die uns noch so vertraut sind, nicht wiederkehren werden. Es war ein Luxus, dass wir meinten, der Laden laufe immer so weiter, auch ohne unser Engagement. Wir haben in einer Illusionswelt gelebt. Wer das verstanden hat, wird sich Nostalgie verbieten.

Es wird nicht einfach sein, das Spannungsverhältnis zwischen Gelassenheit und Leidenschaft auszubalancieren. Jede Tugend für sich allein hat ihre Tücke, sie hat das Potenzial, in Untugend umzuschlagen. Wer zu gelassen ist, dem fehlt die Bereitschaft, sich zu empören, wenn es darauf ankommt. Der allzu Gelassene wird phlegmatisch, bringt sich in Distanz zur Welt, nimmt nicht mehr teil. Deshalb braucht die Tugend der Gelassenheit die Leidenschaft als Schwester an ihrer Seite. Aber auch die darf nicht für sich allein stehen. Denn Leidenschaften können auch politisch blind machen. Ohne die nötige Leidenschaft würden wir uns nicht in Bewegung setzen, aber nur mit ihr allein verrennen wir uns, sind schon mitten im Kampf, bevor wir den Gegner genauer kennengelernt haben. Tugenden muss man trainieren, das wusste schon Aristoteles. Man hat sie nicht einfach, sondern man muss sie beständig einüben. Unser Demokratie-Muskel ist durch lange Passivität derzeit ziemlich untrainiert. Jetzt zwingen uns die Verhältnisse dazu, endlich wieder in Bewegung zu kommen. Der Anfang fällt schwer. Aber unterwegs werden wir merken, was uns gefehlt hat. Und wir werden uns umschauen und erleichtert feststellen: Wir sind sehr viele!